모두의
리듬
트레이닝

1

Contents

기본 리듬의 이해

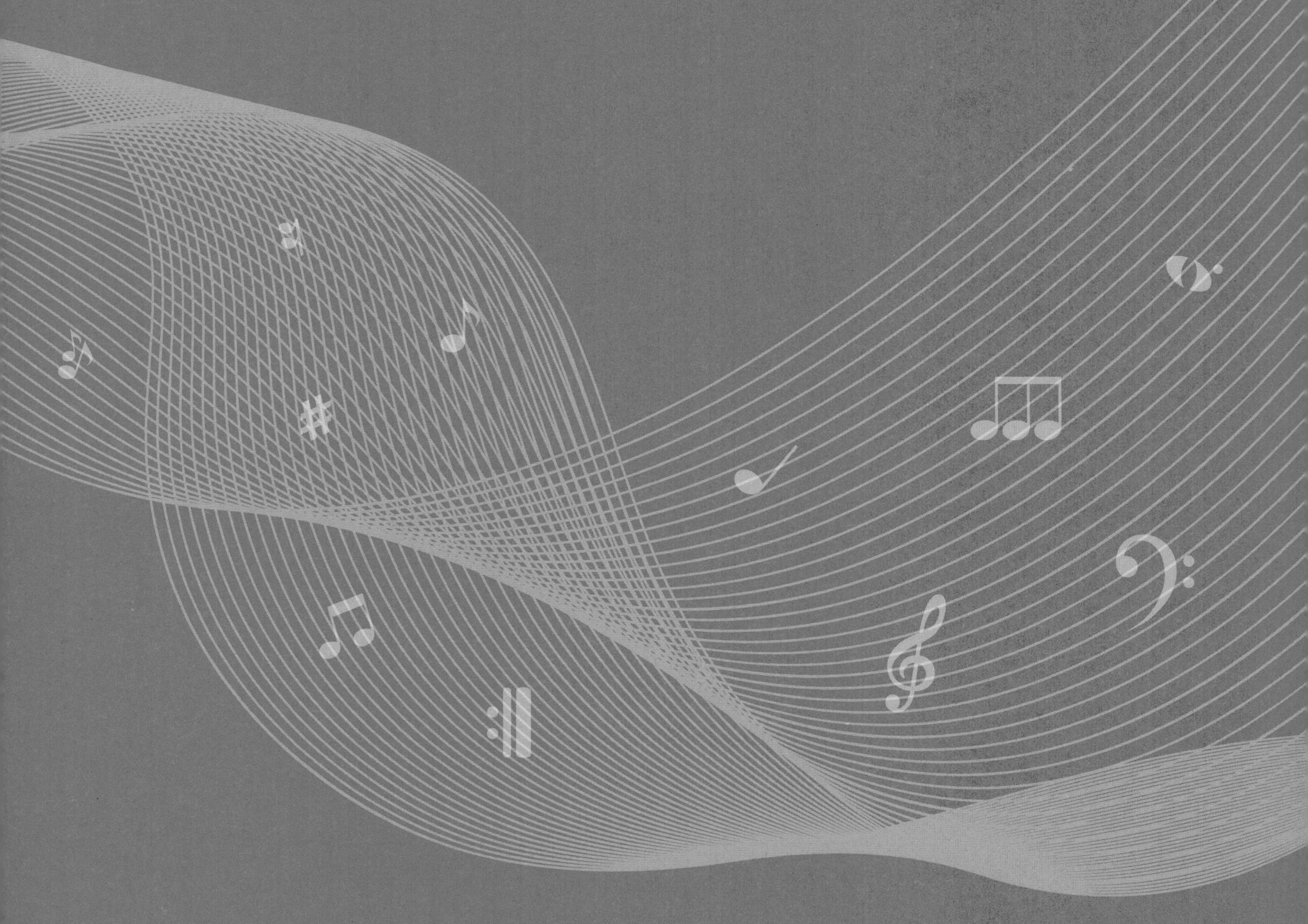

마디와 세로줄

5개의 동일한 길이를 가진 수평의 선들을 **보표**라고 합니다.

보표 위에 수직으로 그어져있는 선들을 **세로줄**이라고 합니다.

두 개의 세로줄 사이의 공간들 **마디**라고 합니다.

마디 끝에 나오는 두 개의 세로줄을 **겹세로줄**이라고 하며, 음악의 테마가 끝나거나 혹은 조성, 박자표 등이 바뀌기 전에 사용합니다.

마디 끝에 나오는 서로 다른 크기의 세로줄을 **끝세로줄**이라고 하며, 음악이 끝났을 때 사용합니다.

두 개의 세로줄과 점이 있으면 **도돌이표(시작 도돌이표, 끝 도돌이표)**라고 합니다.
두 개의 도돌이표 사이의 마디를 한 번 더 반복합니다.

음표와 쉼표

리듬과 그 길이를 나타내는 데 사용되는 문자를 음표라고 합니다. **음표**는 머리, 기둥, 꼬리, 점, 빔으로 구성되어 있습니다. 빔은 꼬리를 가진 음표가 연속적으로 나왔을 때 이어붙이는 역할을 합니다. 온음표, 2분음표, 4분음표 등은 꼬리가 없으므로 빔을 사용할 수 없습니다.

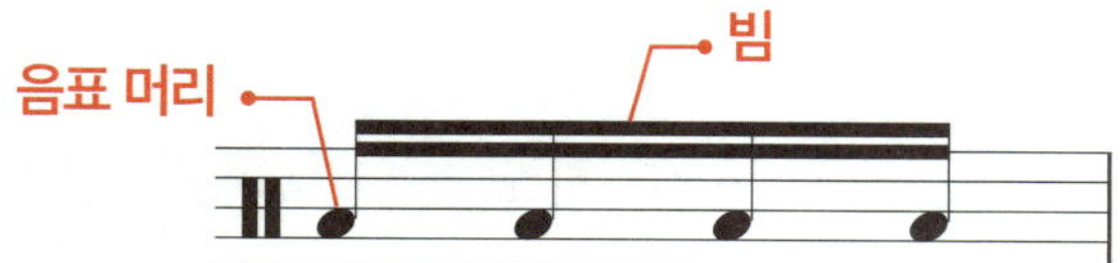

이와 반대로 음악의 침묵을 나타내는 문자를 **쉼표**라고 합니다.
각 음표와 쉼표들의 길이는 다음과 같습니다.

음표	쉼표
온음표	온쉼표
2분음표	2분쉼표
4분음표	4분쉼표
8분음표	8분쉼표
16분음표	16분쉼표

박자표

한 마디 안에 몇 분 음표가 몇 개 들어가는지 알려주는 분수 표시를 **박자표**라고 합니다.

분자(위의 숫자)에는 박자의 기준이 되는 음표가 한 마디에 몇 개 들어가는지 표기합니다.

분모(아래 숫자)에는 박자의 기준이 되는 음표를 표기합니다. 박자표의 분자에는 임의의 숫자를 넣을 수 있지만, 분모에는 특정 음표의 길이(4, 8, 16 등)를 넣어야 합니다.

* 이 분모의 음표 길이에 따라 다양한 박자를 나타낼 수 있습니다.

예시 분자와 분모가 모두 4이므로 한 마디에 4분음표가 4개 있다는 뜻입니다.

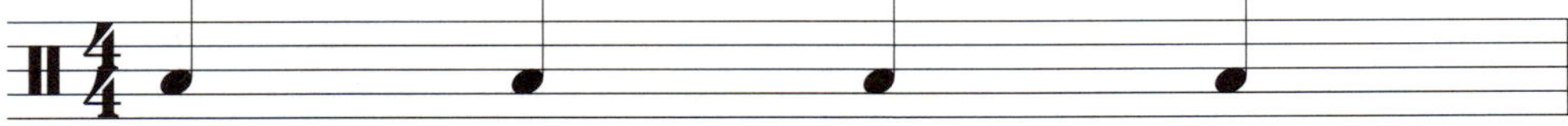

분자와 분모가 모두 2이므로 한 마디에 2분음표가 2개 있다는 뜻입니다.

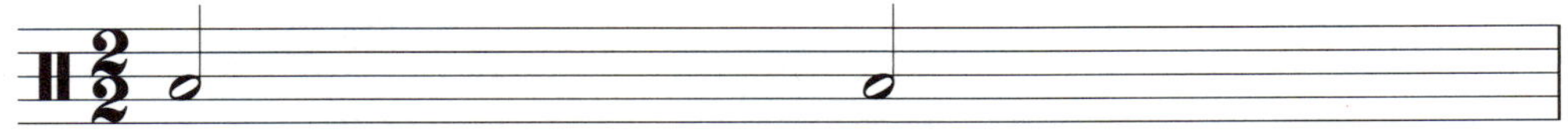

분자는 7, 분모는 8이므로 한 마디에 8분음표가 7개 있다는 뜻입니다.

템포

음악에서 일정하게 반복되는 흐름을 박(Pulse) 또는 비트(Beat)라고 하며, 박이 흘러가는 속도를 **템포 (Tempo)**라고 합니다. 템포의 기준은 1분당 표시되어 있는 박자가 몇 번 나오는가 이며 BPM(Beats Per MInute)으로 표기합니다. BPM을 설정하고 들려주는 기계를 메트로놈이라고 합니다. 메트로놈에서 음표와 템포를 조정할 수 있고 Metronome Marking(m.m.)으로 표기합니다.

예시 이 예시의 템포는 60bpm이며 1분에 4분음표가 60번 나온다는 것을 의미합니다.

박자표 표기에 의해 한 마디에 4분음표가 4개 들어갑니다.

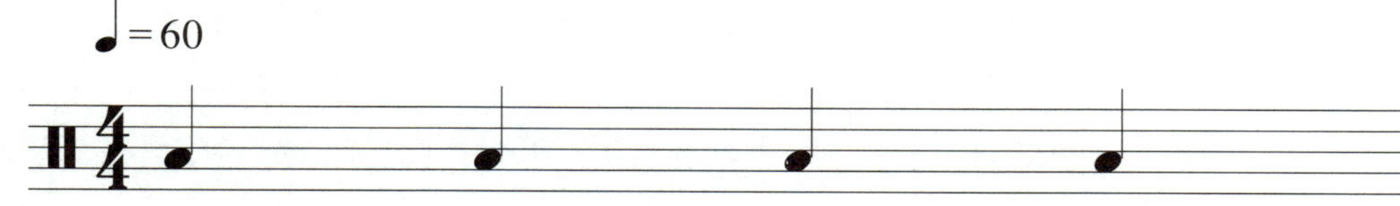

이 예시의 템포는 90bpm이며 1분에 2분음표가 90번 나온다는 것을 의미합니다.

박자표 표기에 의해 한 마디에 2분음표가 2개 들어갑니다.

이 예시의 템포는 120bpm이며 1분에 8분음표가 120번 나온다는 것을 의미합니다.

박자표 표기에 의해 한 마디에 8분음표가 7개 들어갑니다.

부분법

박자 안에서 음표를 두 개 이상으로 동일하게 나누는 것을 **부분법**이라고 합니다.

예시 4분의 4박자 안에서 8분음표가 나올 경우 4분음표를 기준으로 2개씩 나누어 표기합니다.

4분의 4박자 안에서 16분음표가 나올 경우 4분음표를 기준으로 4개씩 나누어 표기합니다.

이 예시에서는 2분의 2박자 안에서 4분음표가 나오지만 4분음표에 빔이 없으므로 나누지 않습니다.

음표 길이의 관계도

온음표(Whole Note)

2분음표(Half Note)

4분음표(Quarter Note)

8분음표(Eighth Note)

16분음표(Sixteenth Note)

32분음표(Thirty-Second Note)

박자 세기(카운팅)

숫자와 음절을 사용해서 박자를 나누어 세는 법을 **카운팅**이라고 합니다.
각 숫자와 음절은 용도에 따라 다르며, 기준은 박자표에 의해 정해집니다.

예시 숫자는 한 마디 안에서 박자표의 분모(아래 숫자)에 있는 음표를 세는 용도로 사용합니다.
숫자만 사용할 경우 4비트(4 Beat)라고 합니다.

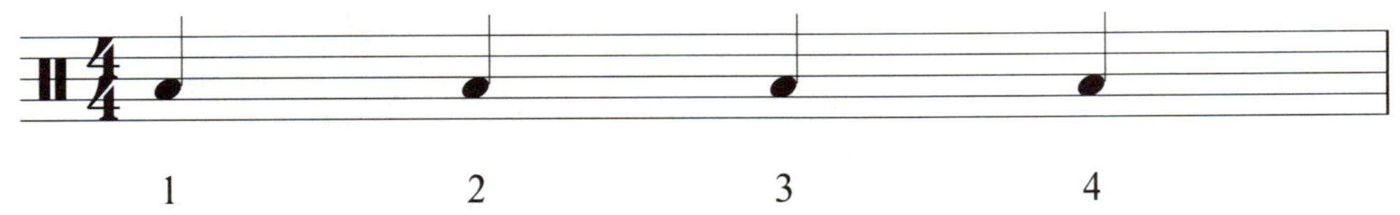

숫자 사이에 박자를 나눌 경우 음절을 사용하며 8비트(8 Beat)라고 합니다.
두 개로 나눌 경우(8분음표) 'n'을 사용하며, '+'를 사용하기도 합니다.

네 개로 나눌 경우(16분음표) 16비트(16 Beat)라고 하며, 순서대로 'e', 'n', 'a'를 사용합니다.

다운비트 VS 업비트

카운팅에서 숫자와 음절의 강세, 즉 비트가 어디에 강세를 주는가에 따라 다운비트와 업비트로 나누어집니다. 숫자에 강세를 줄 경우 **다운비트**라고 합니다. 음절에 강세를 줄 경우 **업비트**라고 합니다.

단, 무슨 비트이냐에 따라 달라집니다. 8비트일 경우 'n' 박자가 업비트가 되며, 16비트일 경우 'e', 'a' 박자가 업비트가 됩니다.

클래식 음악과 한국 대중가요에서는 전통적으로 리듬의 다운비트에 중점을 두는 경향이 있습니다. 이러한 스타일은 일반적으로 리듬의 첫 번째 박자에 강조를 두어 안정적이고 예측 가능한 리듬 패턴을 생성합니다. 반면에 업비트 스타일은 재즈나 다른 서양 음악 장르에서 자주 볼 수 있으며, 각 박자의 두 번째 부분에 강조를 두어 리듬에 생동감과 에너지를 더합니다. 이는 한국인들에게 익숙하지 않은 리듬 패턴일 수 있어, 새로운 리듬 감각을 개발하는 데 도전이 될 수 있습니다.

이를 극복하기 위해, 메트로놈을 사용한 연습 방법을 제안합니다. 메트로놈을 40템포로 설정하고, 발을 1박자에 맞춰 구르며 시작합니다. 이를 통해 기본적인 리듬 감각을 익힙니다. 그 다음, 손으로 16비트에 해당하는 리듬을 타며 연습하면서, 점차 템포를 120 이상으로 높여갑니다. 이 과정을 통해 느린 템포에서 빠른 템포까지 다양한 리듬을 체험하고, 업비트 스타일에 익숙해질 수 있습니다. 이러한 점진적인 연습 방법은 업비트 스타일을 자연스럽게 이해하고 소화하는 데 도움이 될 것입니다.

다운비트

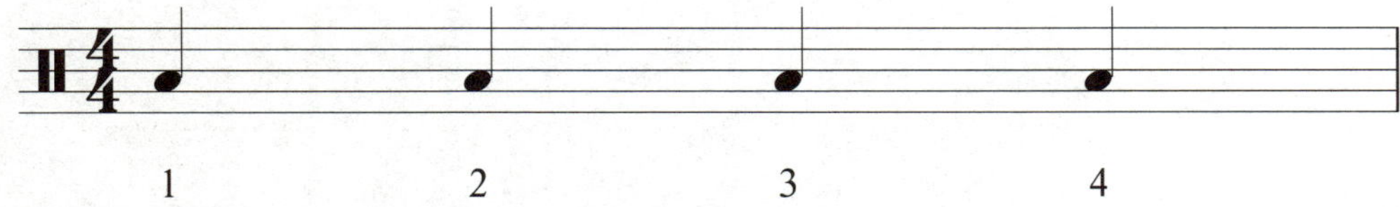

8비트 업비트

16비트 업비트

Chapter 2

실전
리듬 연습 1

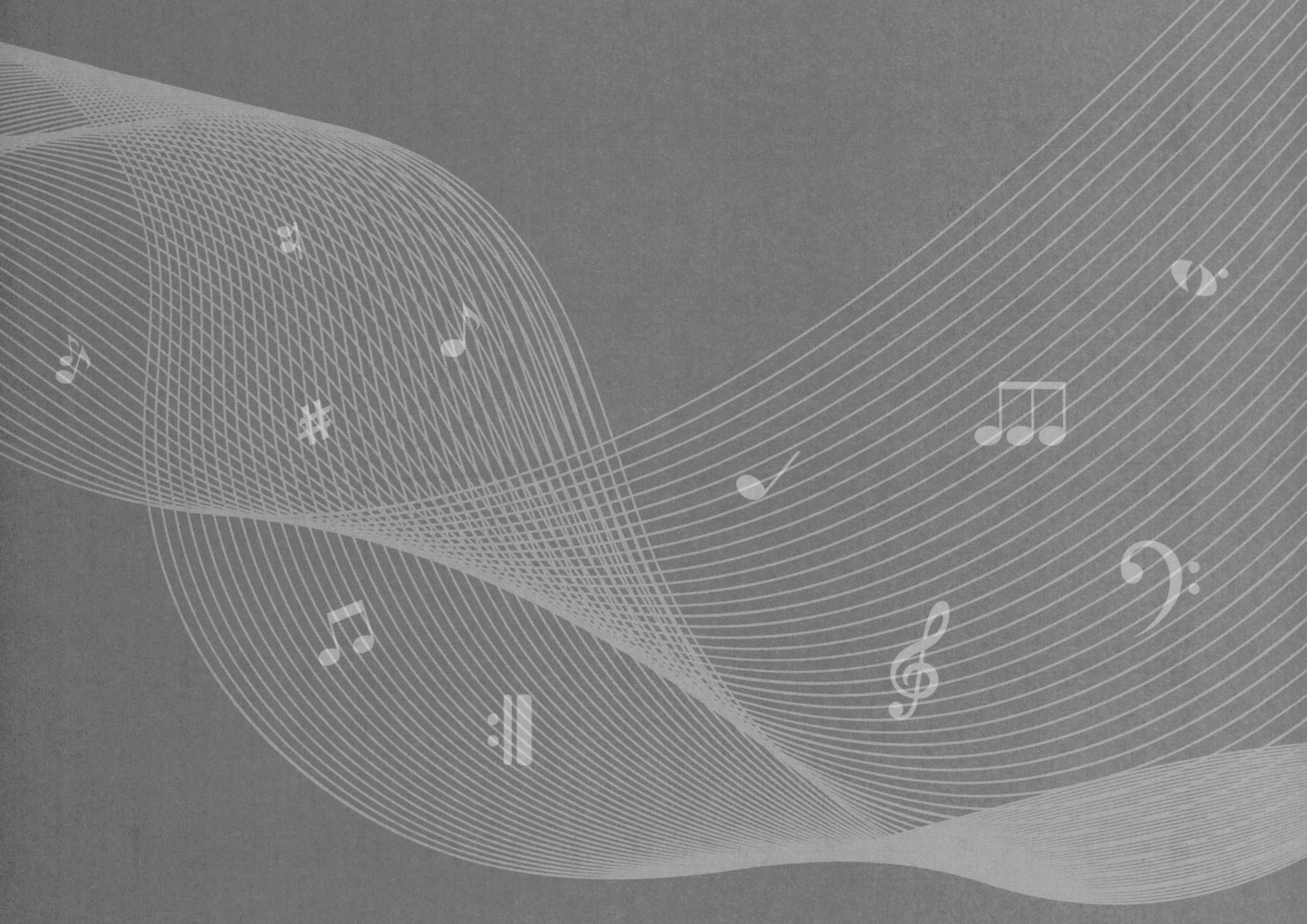

Chapter 2

4분음표와 쉼표

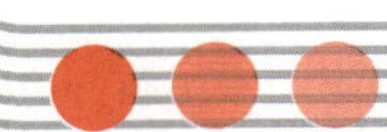

4분음표와 4분쉼표의 연습입니다. 템포 60부터 천천히 연습해 보세요.

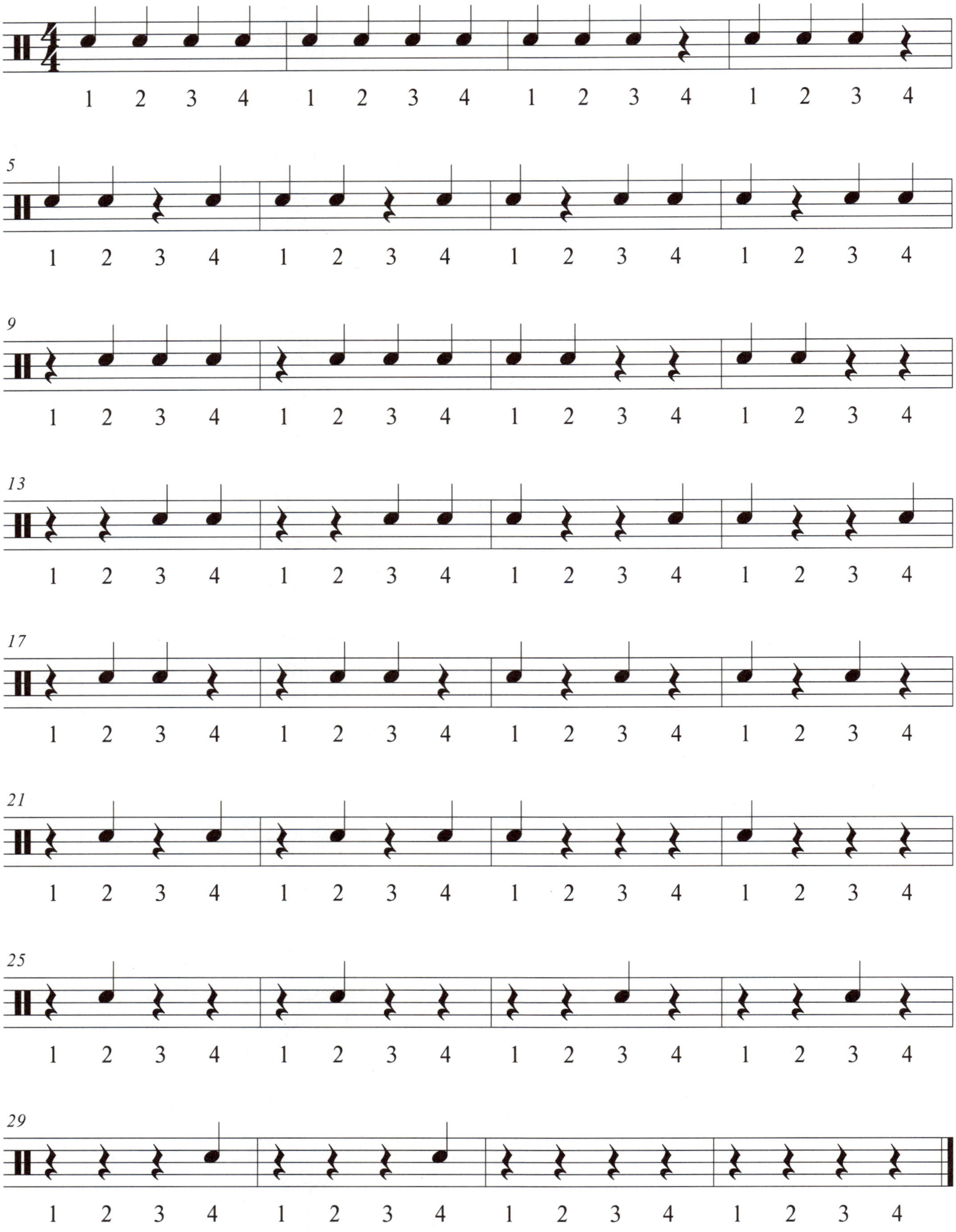

8분음표

8분음표 연습입니다. 템포 60부터 천천히 연습해 보세요.

Chapter 2

8분음표와 쉼표

8분음표와 8분쉼표의 연습입니다. 템포 60부터 천천히 연습해 보세요.

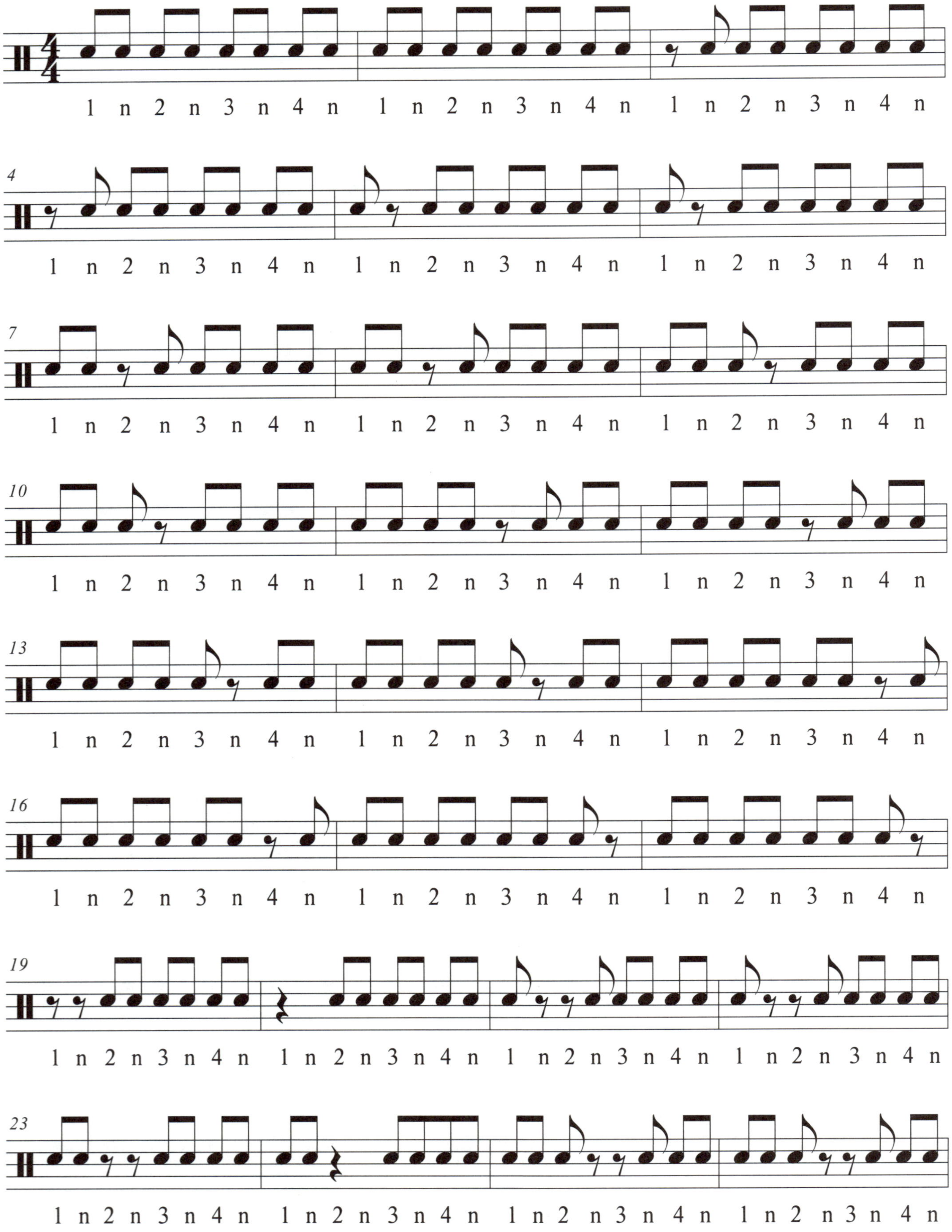

27
1 n 2 n 3 n 4 n   1 n 2 n 3 n 4 n   1 n 2 n 3 n 4 n   1 n 2 n 3 n 4 n
31
1 n 2 n 3 n 4 n   1 n 2 n 3 n 4 n   1 n 2 n 3 n 4 n   1 n 2 n 3 n 4 n
35
1 n 2 n 3 n 4 n   1 n 2 n 3 n 4 n   1 n 2 n 3 n 4 n   1 n 2 n 3 n 4 n
39
1 n 2 n 3 n 4 n   1 n 2 n 3 n 4 n   1 n 2 n 3 n 4 n   1 n 2 n 3 n 4 n
43
1 n 2 n 3 n 4 n   1 n 2 n 3 n 4 n   1 n 2 n 3 n 4 n   1 n 2 n 3 n 4 n
47
1 n 2 n 3 n 4 n   1 n 2 n 3 n 4 n   1 n 2 n 3 n 4 n   1 n 2 n 3 n 4 n
51
1 n 2 n 3 n 4 n   1 n 2 n 3 n 4 n   1 n 2 n 3 n 4 n   1 n 2 n 3 n 4 n
55
1 n 2 n 3 n 4 n   1 n 2 n 3 n 4 n   1 n 2 n 3 n 4 n   1 n 2 n 3 n 4 n

91
1 n 2 n 3 n 4 n   1 n 2 n 3 n 4 n   1 n 2 n 3 n 4 n   1 n 2 n 3 n 4 n
95
1 n 2 n 3 n 4 n   1 n 2 n 3 n 4 n   1 n 2 n 3 n 4 n   1 n 2 n 3 n 4 n
99
1 n 2 n 3 n 4 n   1 n 2 n 3 n 4 n   1 n 2 n 3 n 4 n   1 n 2 n 3 n 4 n
103
1 n 2 n 3 n 4 n   1 n 2 n 3 n 4 n   1 n 2 n 3 n 4 n   1 n 2 n 3 n 4 n
107
1 n 2 n 3 n 4 n   1 n 2 n 3 n 4 n   1 n 2 n 3 n 4 n   1 n 2 n 3 n 4 n
111
1 n 2 n 3 n 4 n   1 n 2 n 3 n 4 n   1 n 2 n 3 n 4 n   1 n 2 n 3 n 4 n
115
1 n 2 n 3 n 4 n   1 n 2 n 3 n 4 n   1 n 2 n 3 n 4 n   1 n 2 n 3 n 4 n
119
1 n 2 n 3 n 4 n   1 n 2 n 3 n 4 n   1 n 2 n 3 n 4 n   1 n 2 n 3 n 4 n

응용 연습 1

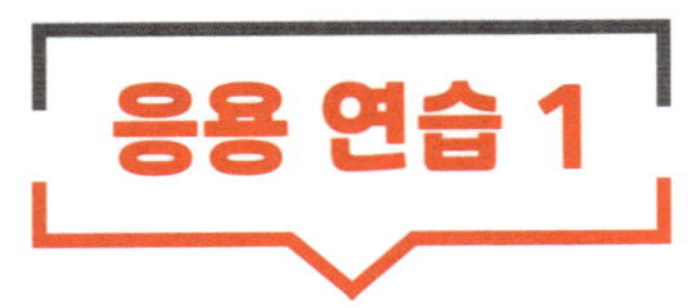

2분음표와 4분음표를 섞은 응용 연습입니다. 템포 60부터 천천히 연습해 보세요.

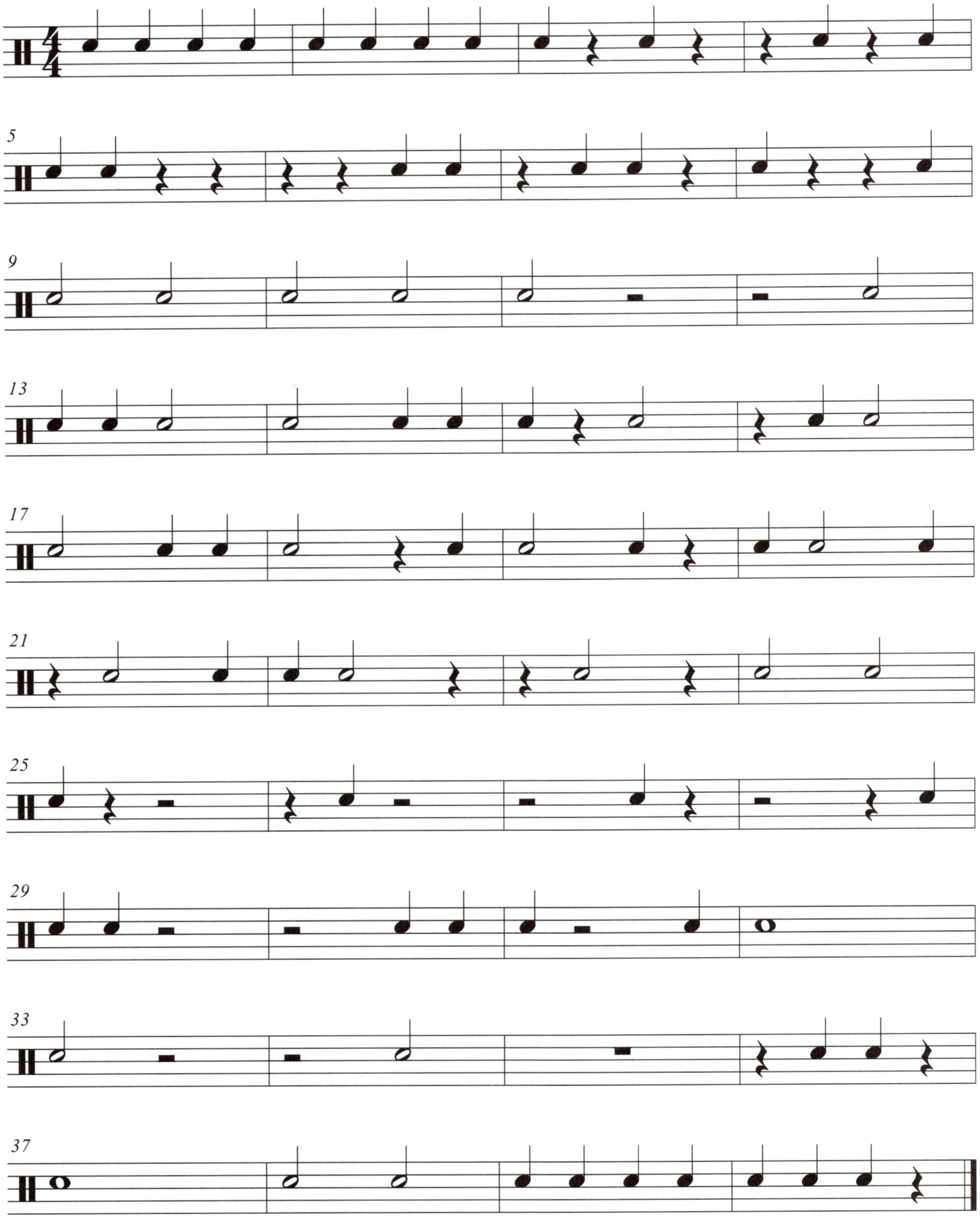

응용 연습 2

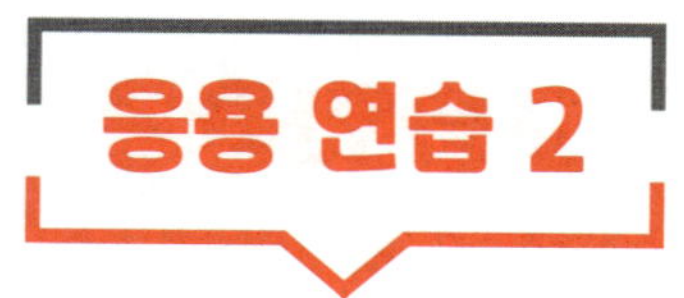

4분음표와 8분음표를 섞은 응용 연습입니다. 템포 60부터 천천히 연습해 보세요.

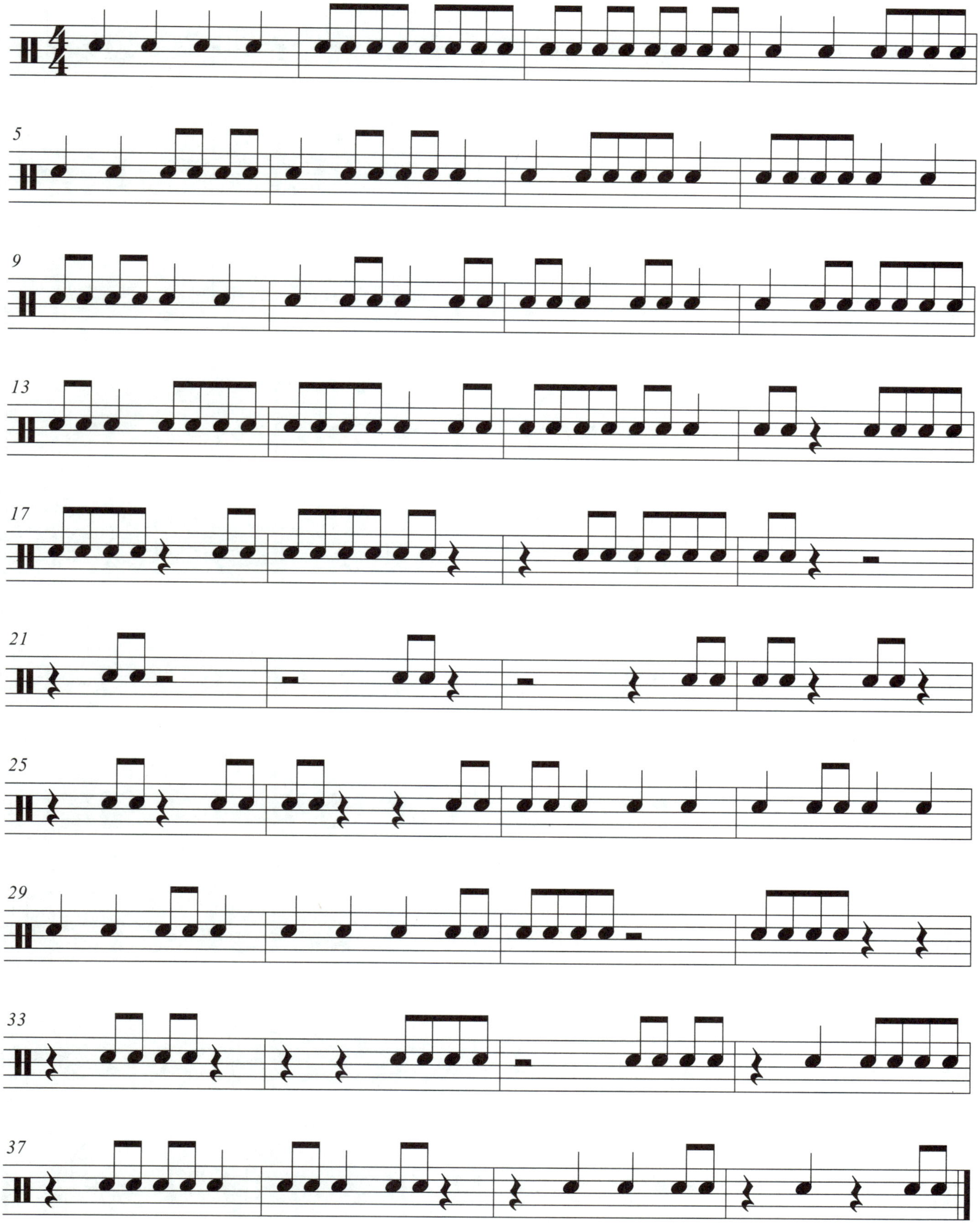

응용 연습 3

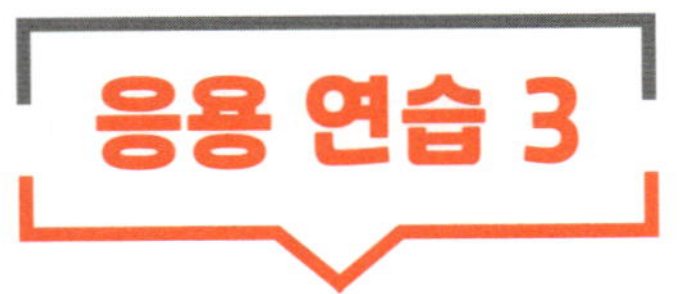

쉼표가 많은 응용 연습입니다. 템포 60부터 천천히 연습해 보세요.

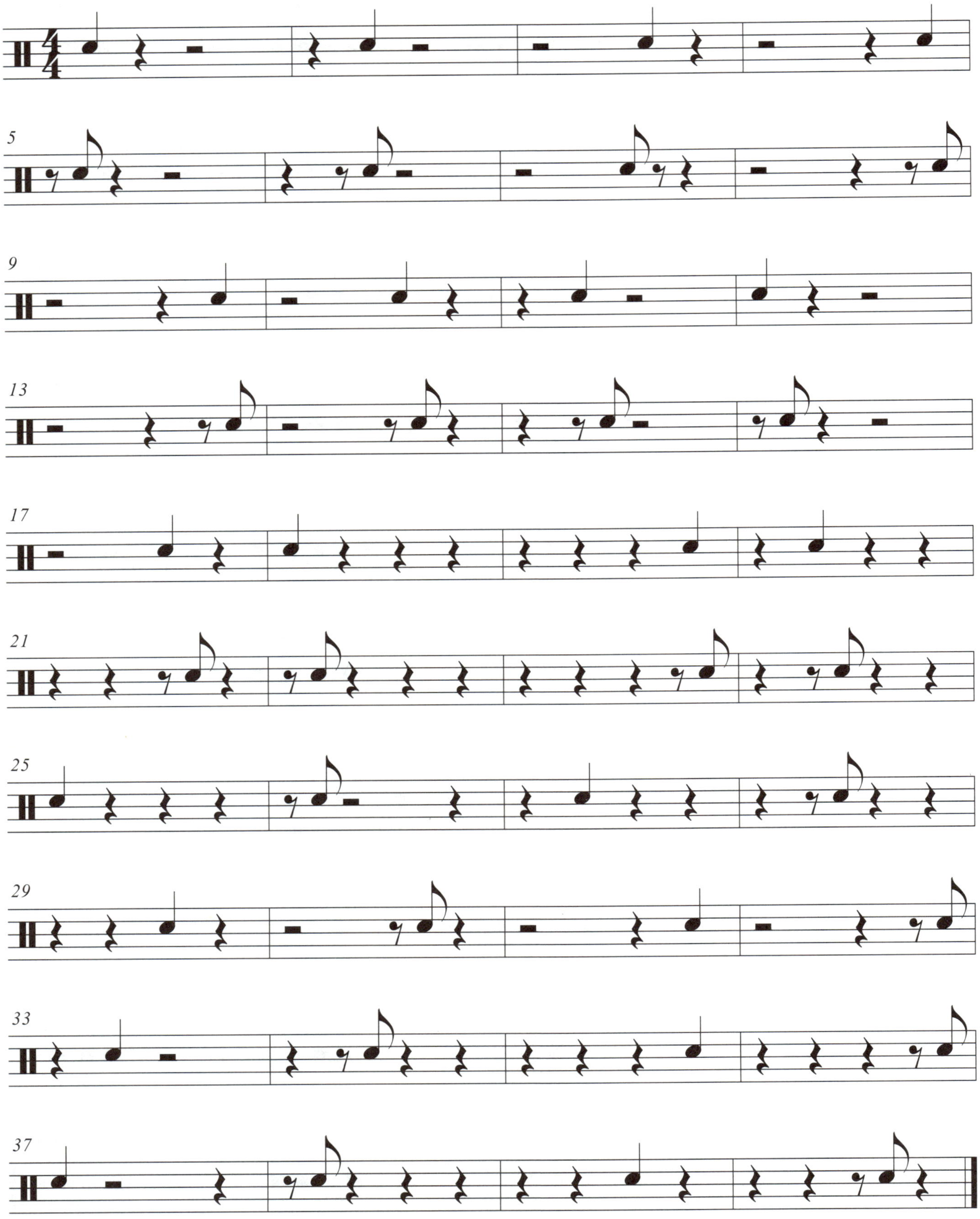

응용 연습 4

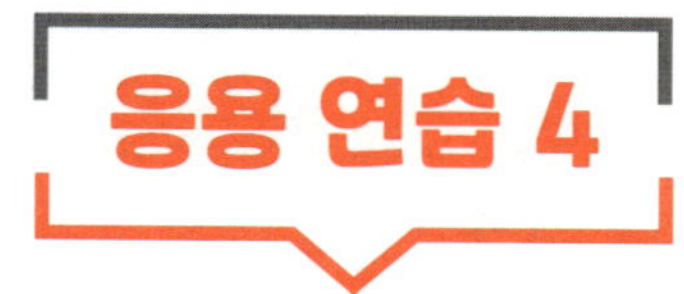

4분음표와 8분음표를 섞은 응용 연습입니다. 템포 60부터 천천히 연습해 보세요.

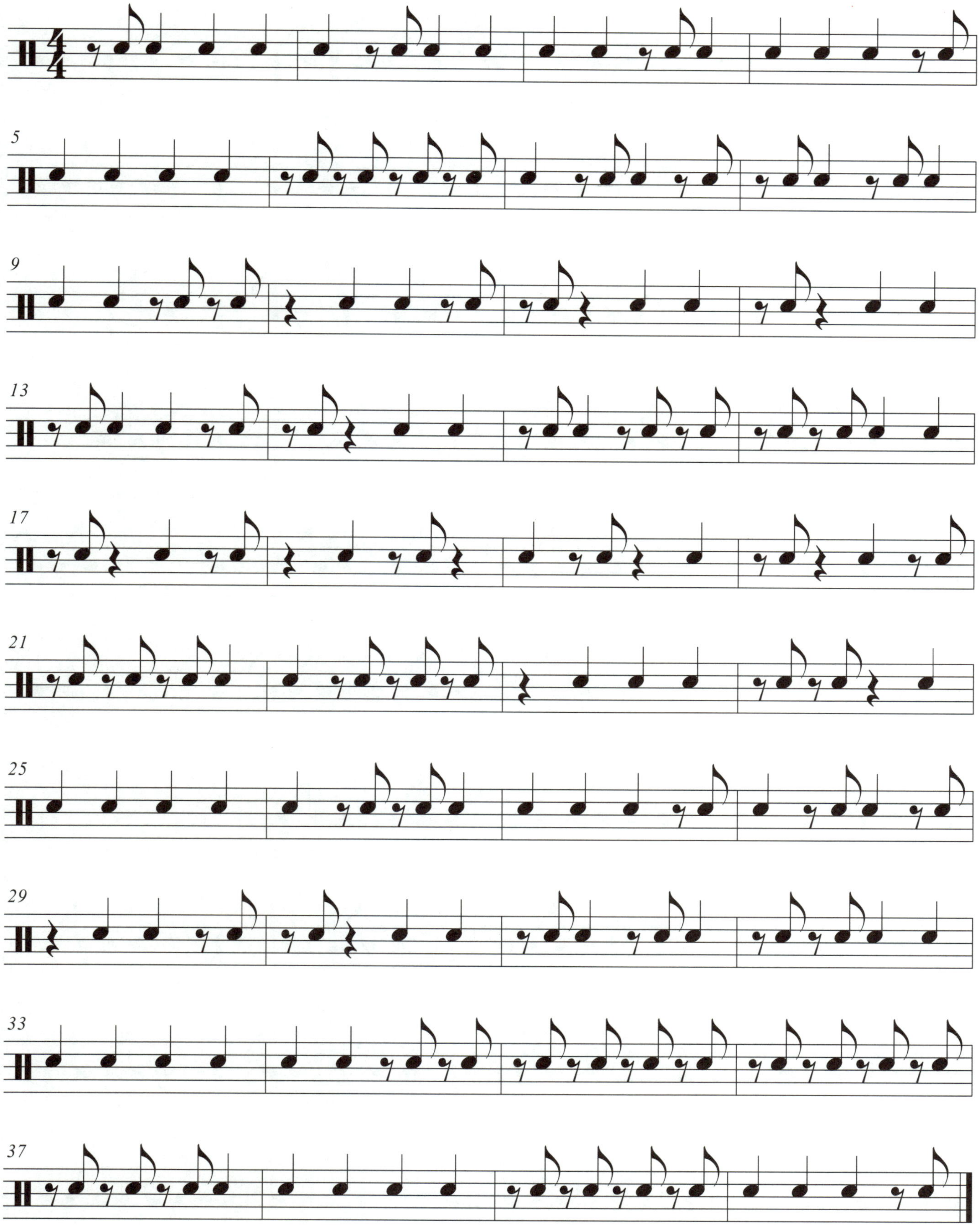

8분음표 업비트를 위한 응용 연습입니다. 템포 60부터 천천히 연습해 보세요.

응용 연습 6

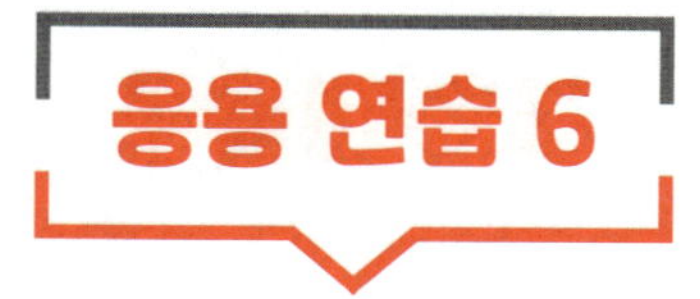

4분음표와 8분음표를 섞은 응용 연습입니다. 템포 60부터 천천히 연습해 보세요.

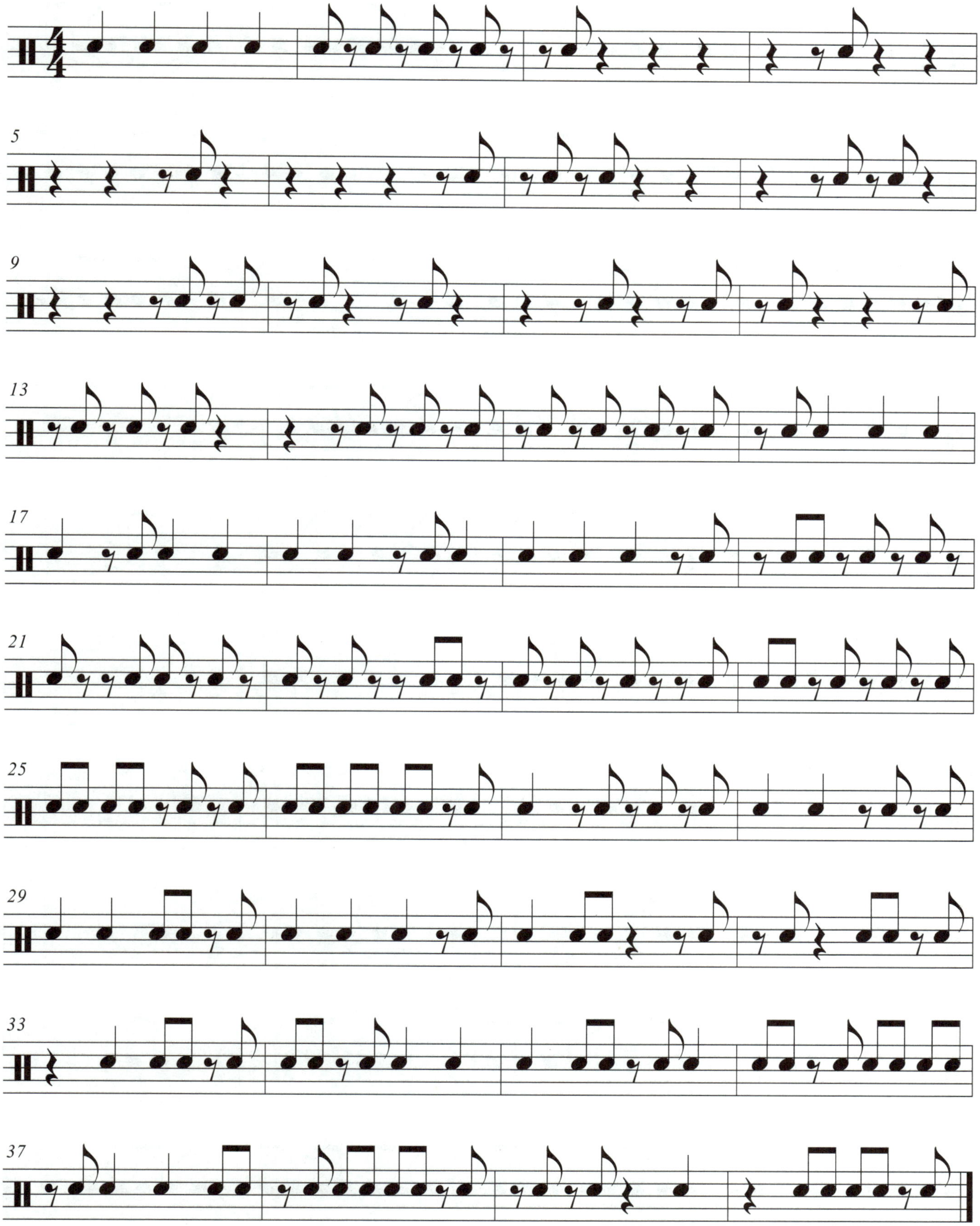

응용 연습 7

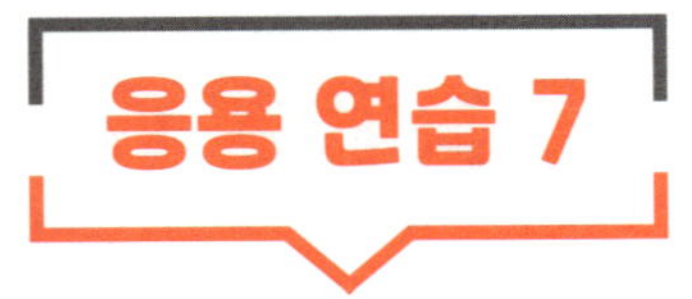

4분음표와 8분음표를 섞은 응용 연습입니다. 템포 60부터 천천히 연습해 보세요.

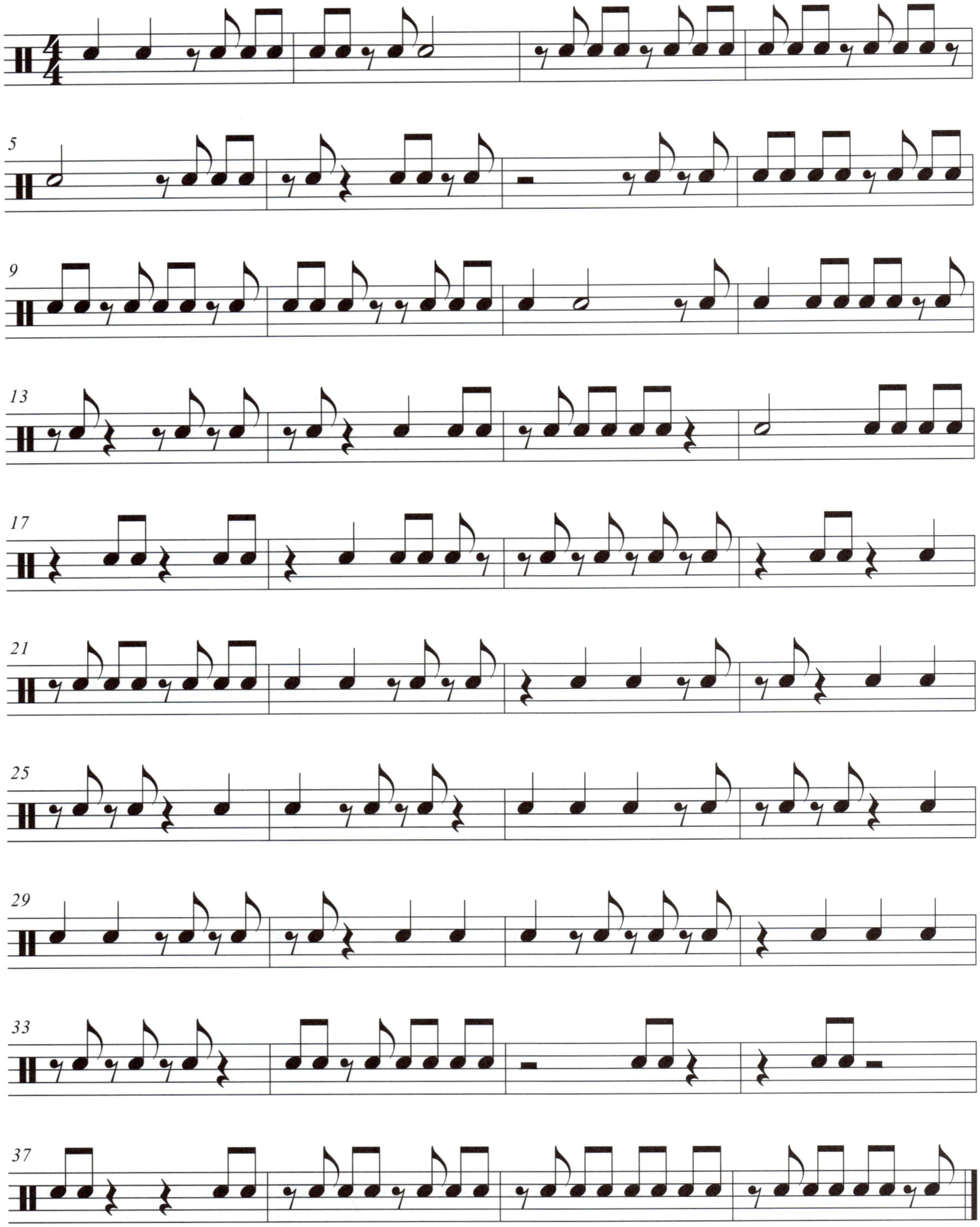

점음표와 점쉼표

음표 머리의 오른쪽에 점이 붙어있으면 **점음표** 혹은 **점쉼표**라고 합니다.

점이 한 개 붙어있으면 원래 음표 길이의 절반 길이만큼 더해서 연주하라는 뜻입니다.

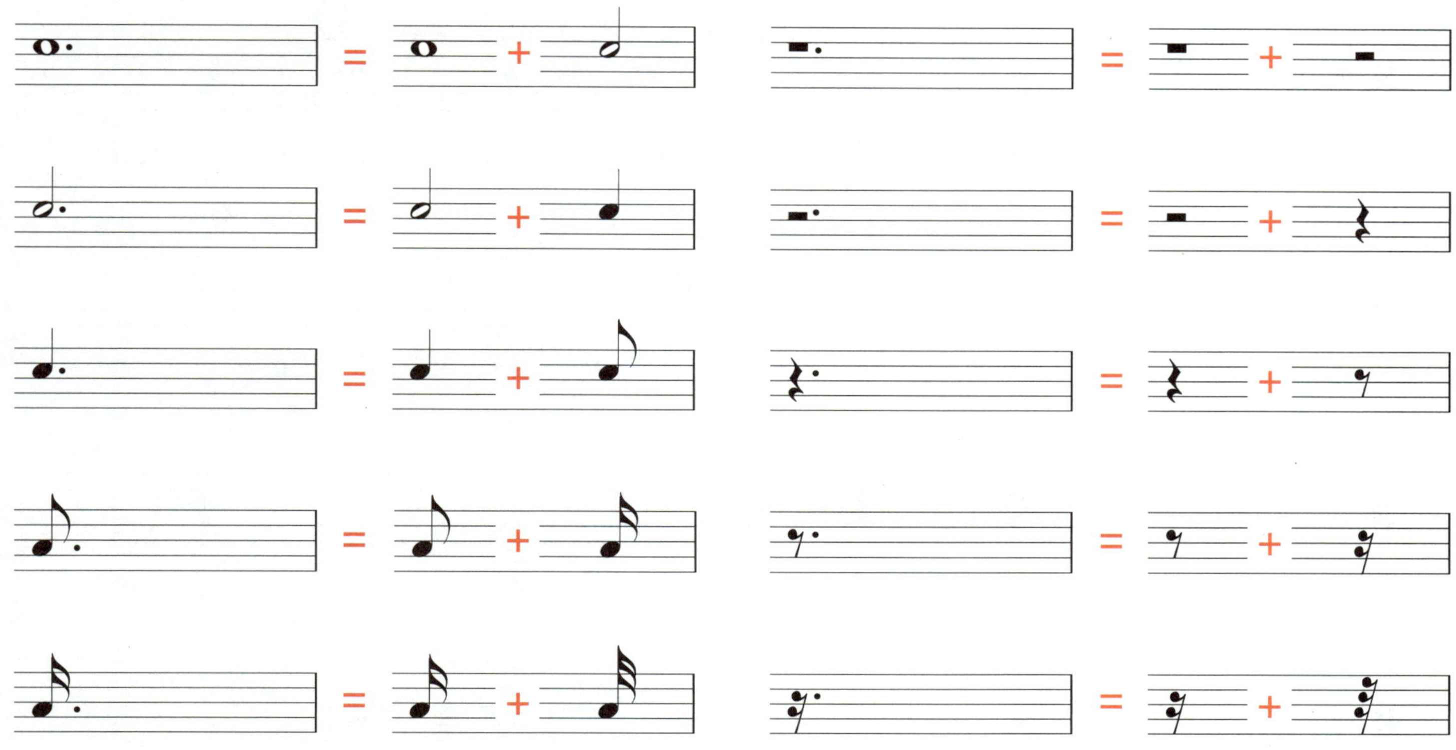

점이 두 개 붙어있으면 **겹점음표** 혹은 **겹점쉼표**라고 하며,

첫 번째 점의 절반 길이만큼 또 더해서 연주합니다. (원래 음 길이 + 절반의 음 길이 + 점의 절반 음 길이)

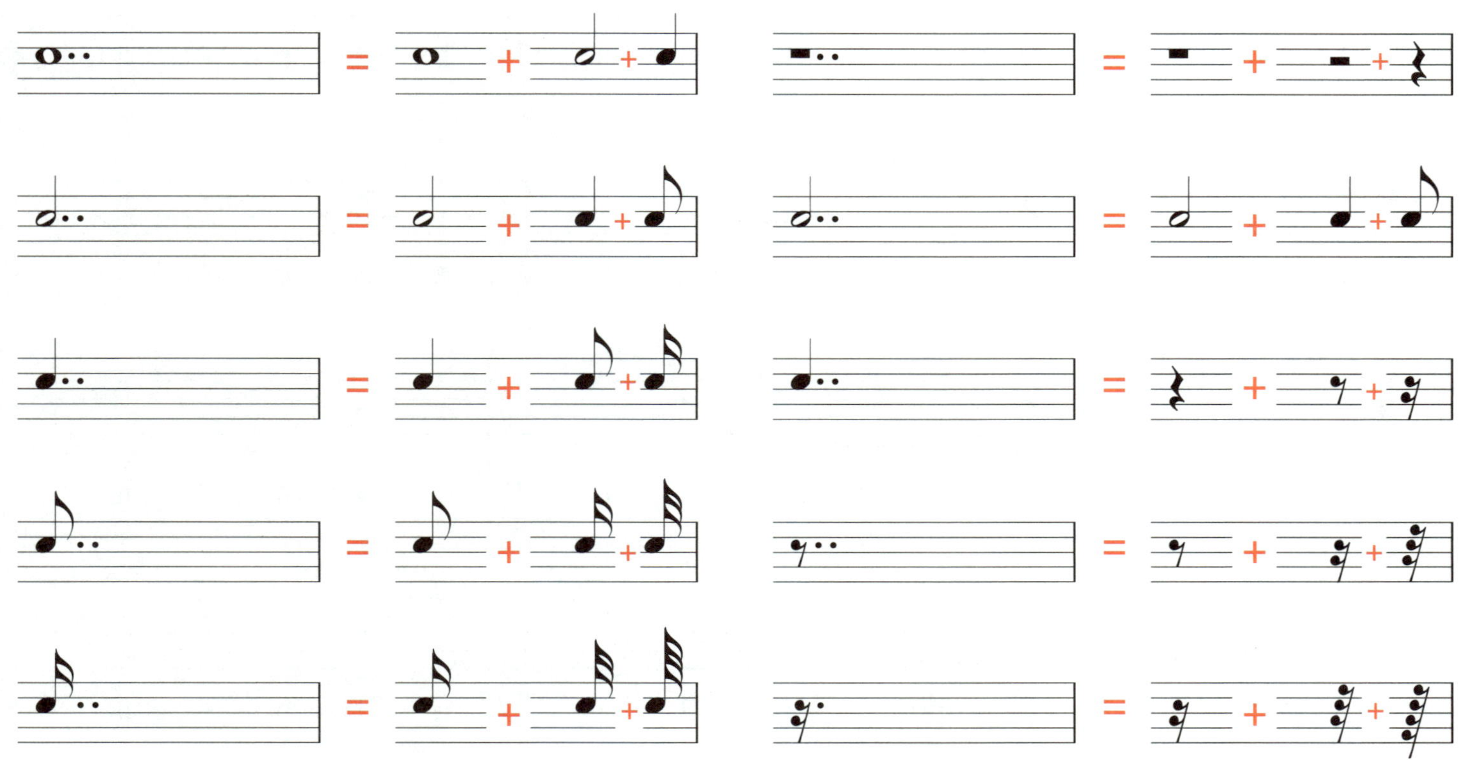

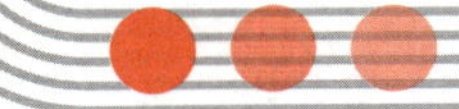

붙임줄(Ties)

같은 음을 이은 줄을 **붙임줄**이라고 합니다.

서로 이을 수 있는 음표의 수는 2개뿐이며, 연결된 음표의 길이를 더해 하나의 음표처럼 연주합니다.

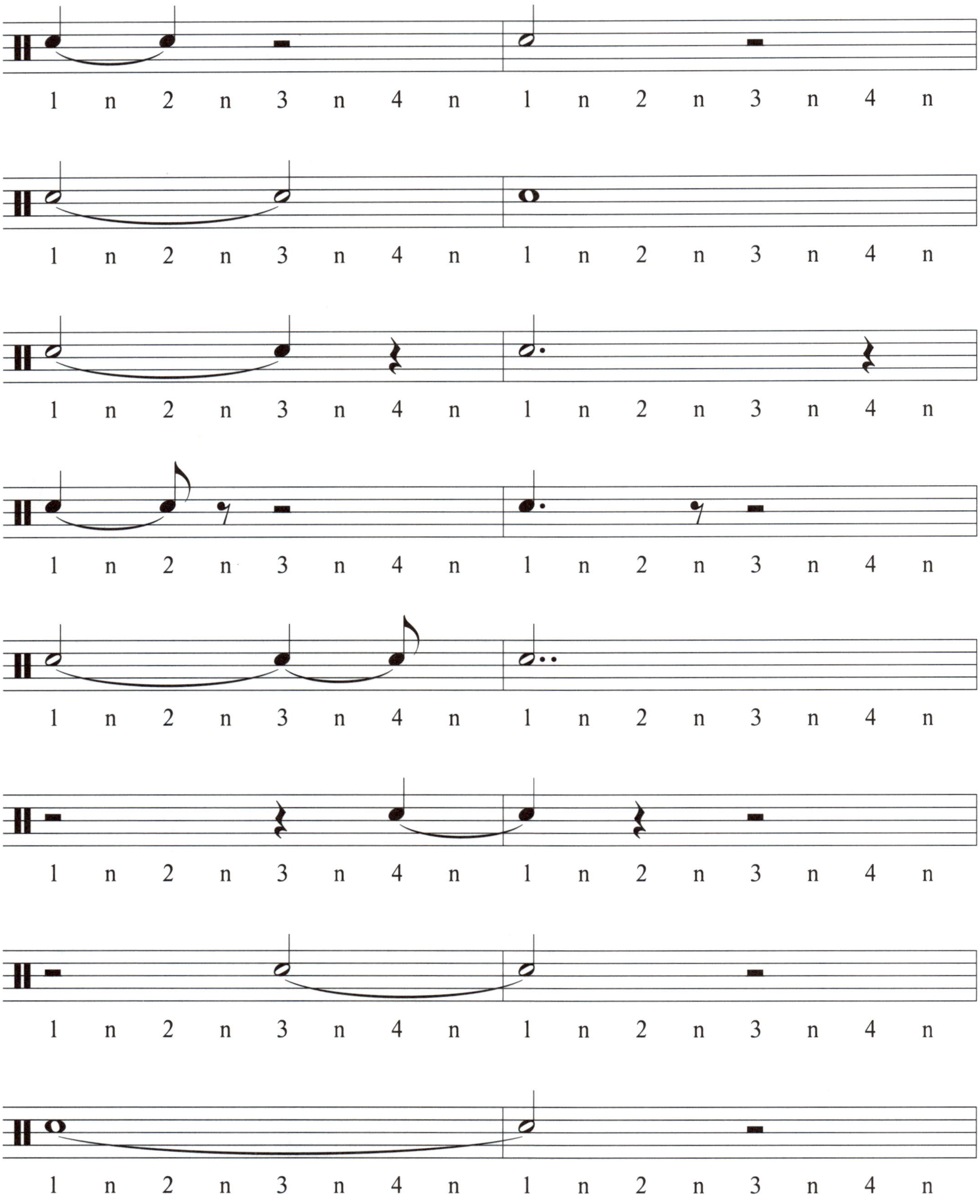

응용 연습 1

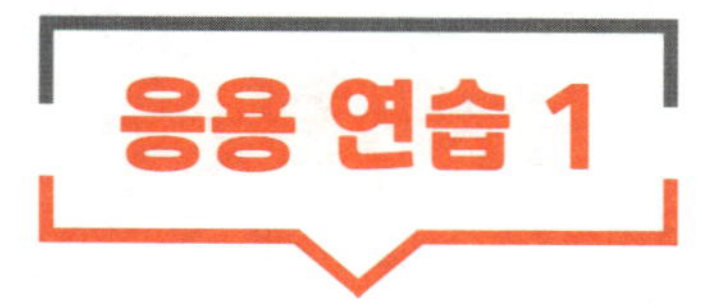

점음표 응용 연습입니다. 템포 60부터 천천히 연습해 보세요.

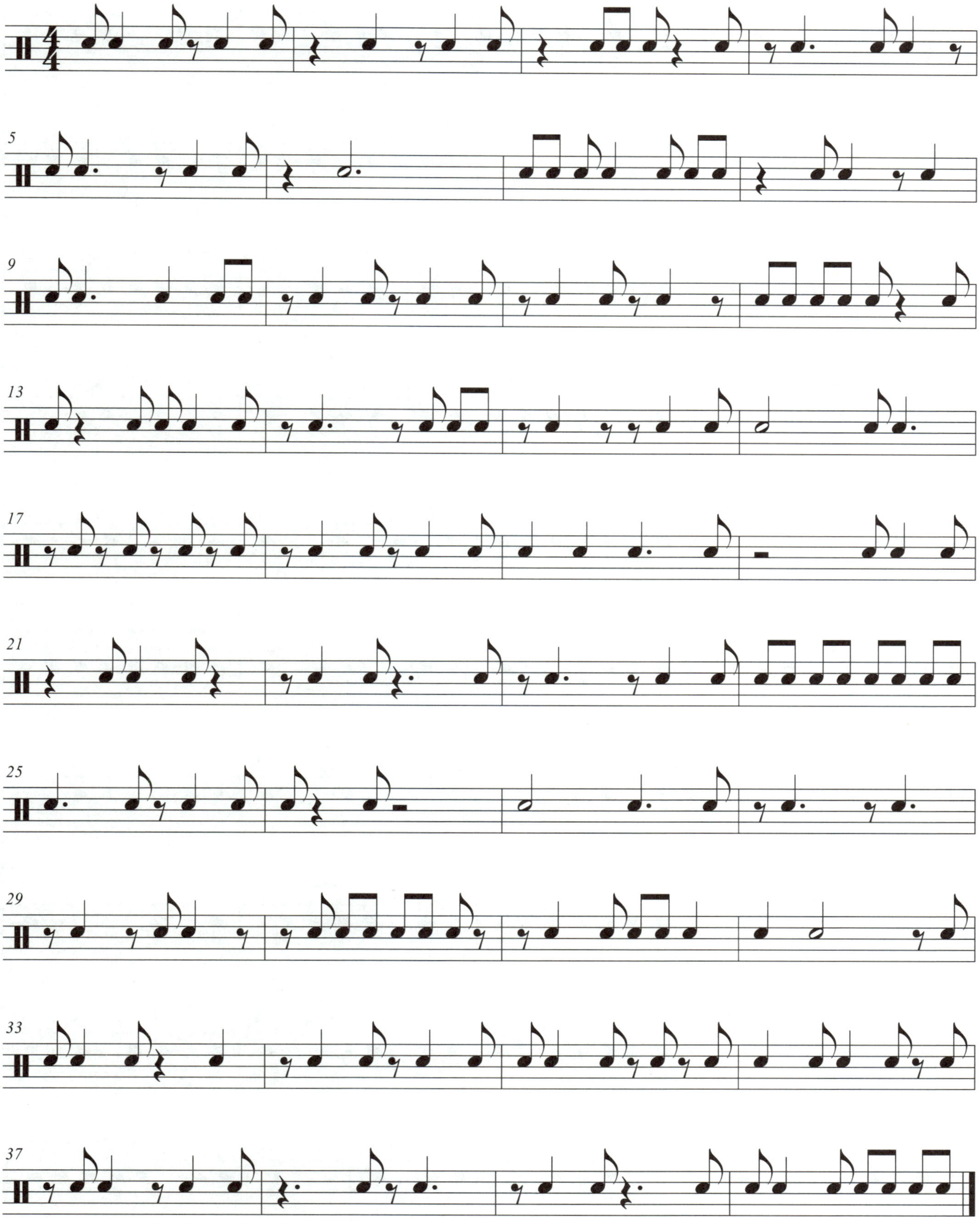

응용 연습 2

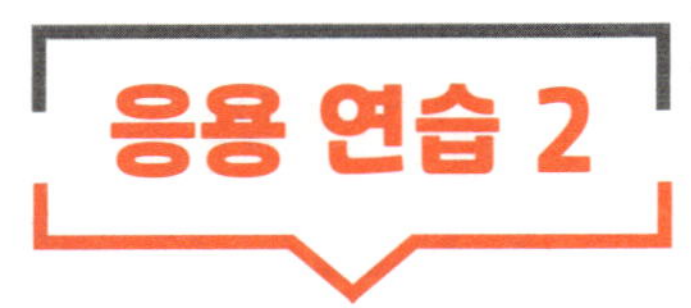

점음표 응용 연습입니다. 템포 60부터 천천히 연습해 보세요.

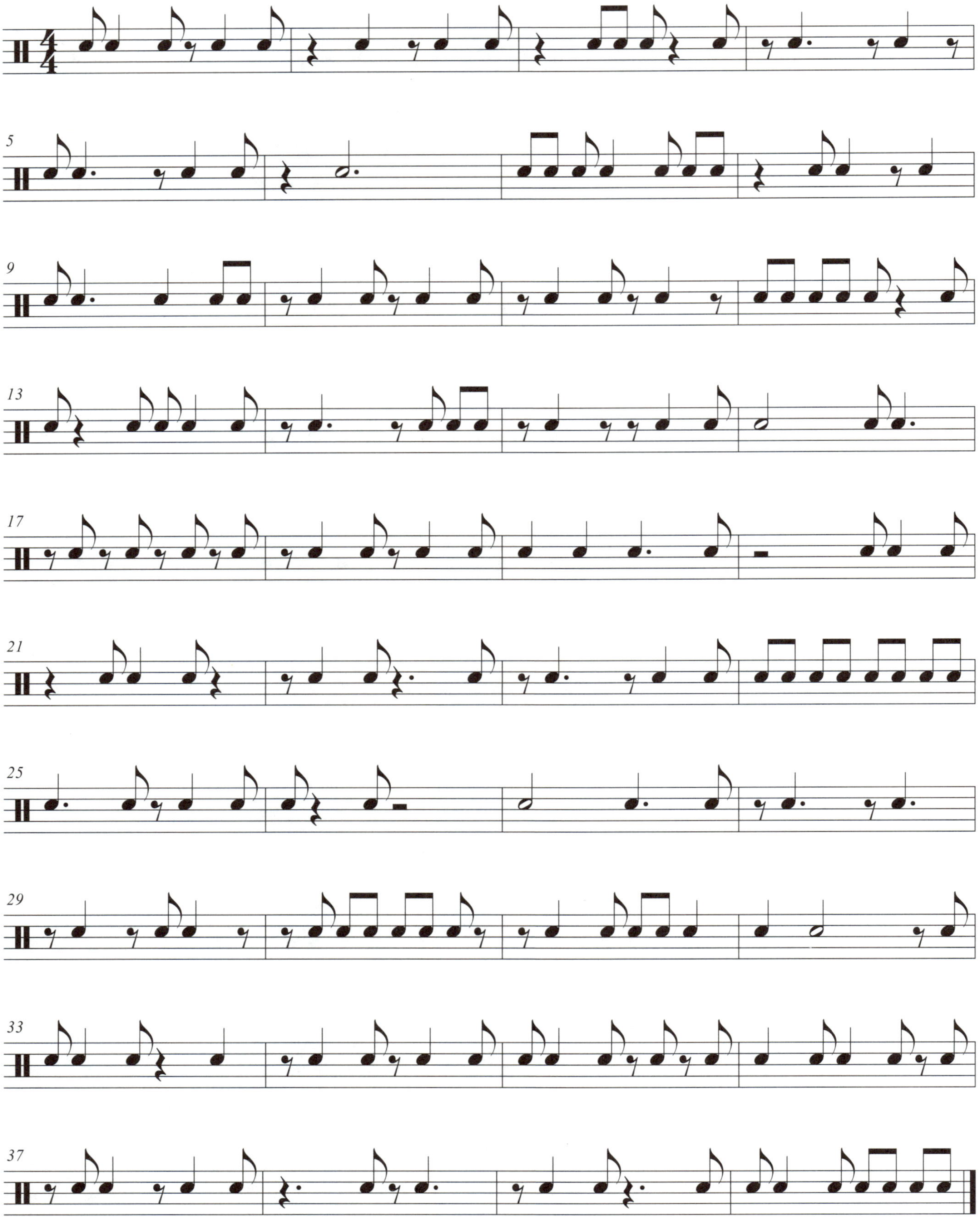

응용 연습 3

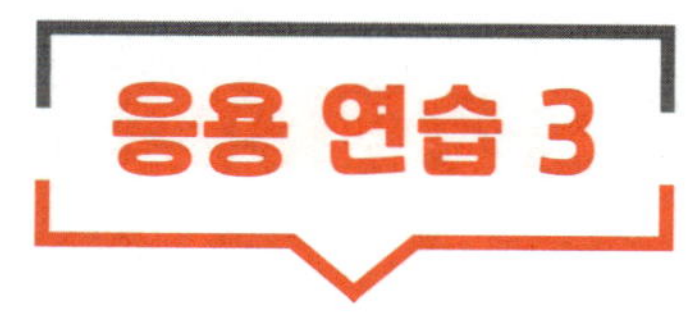

점음표 응용 연습입니다. 템포 60부터 천천히 연습해 보세요.

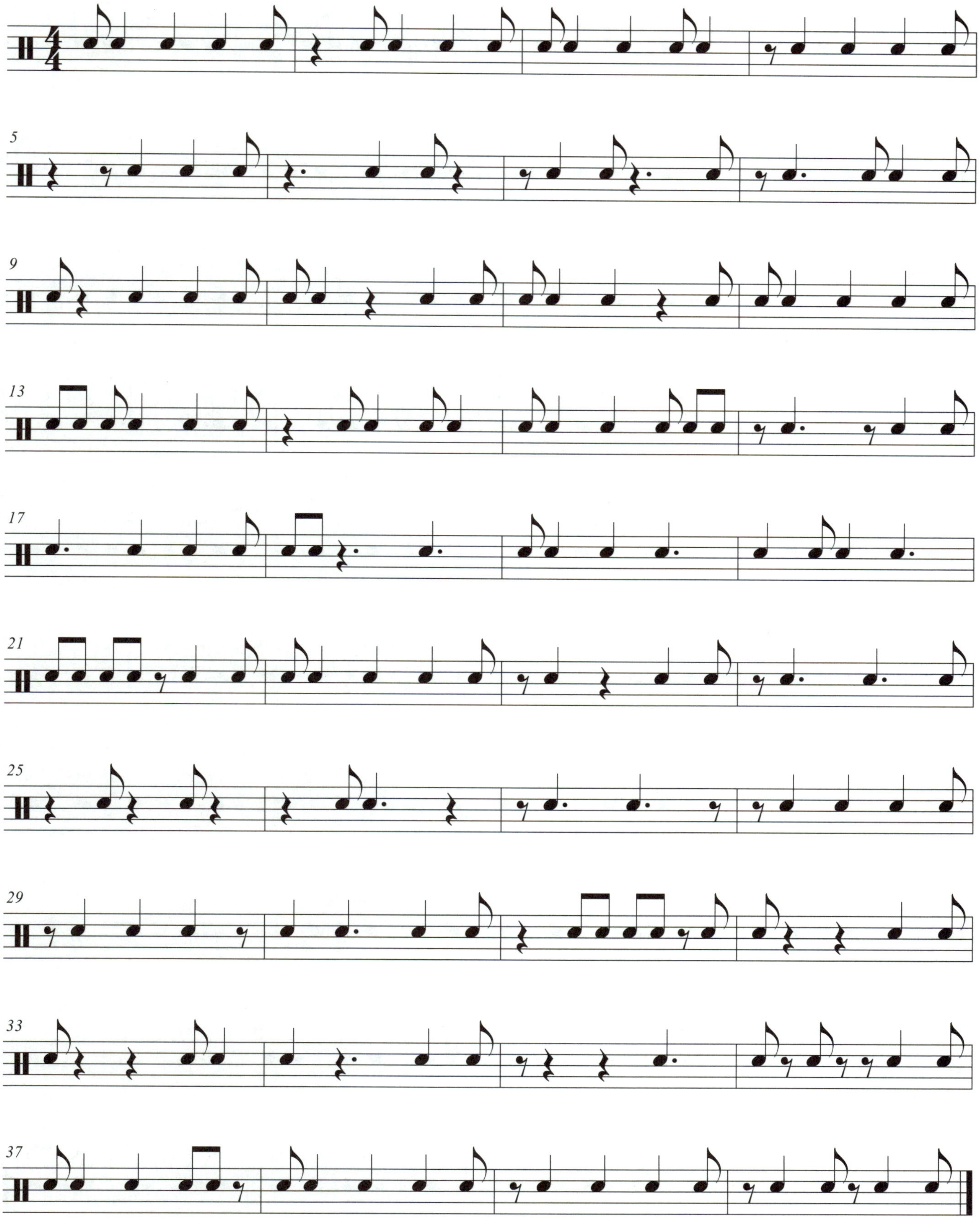

응용 연습 4

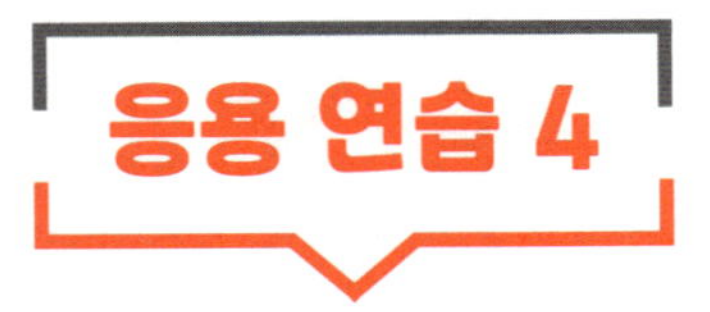

점음표 응용 연습입니다. 템포 60부터 천천히 연습해 보세요.

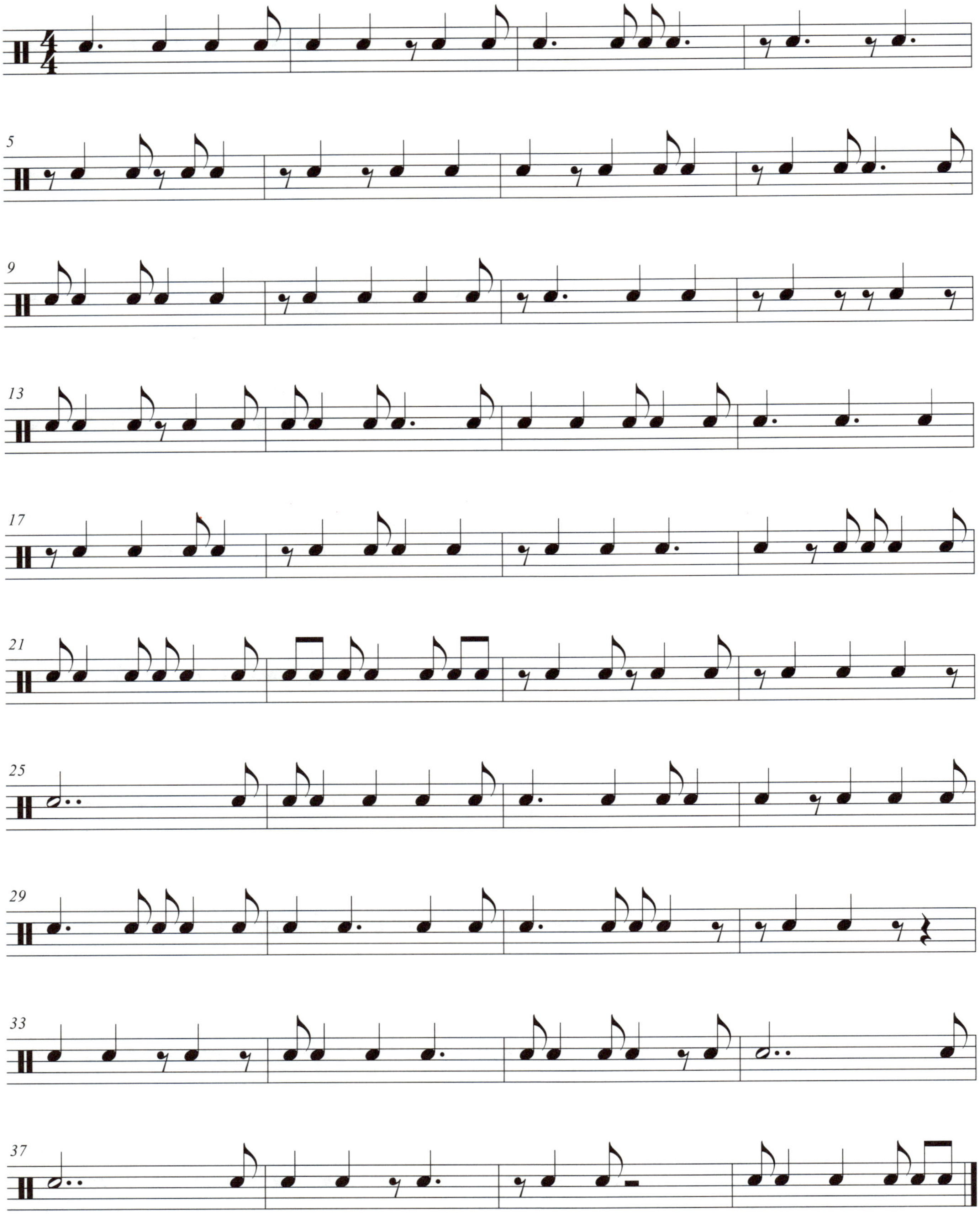

응용 연습 5

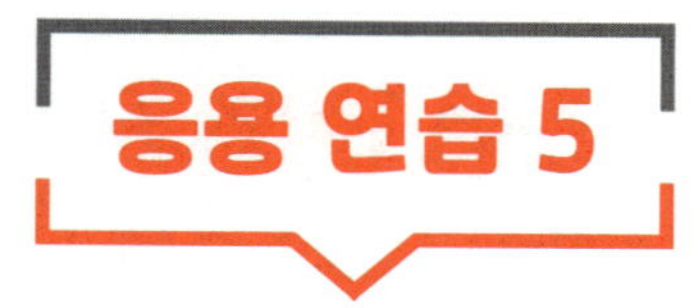

점음표 응용 연습입니다. 템포 60부터 천천히 연습해 보세요.

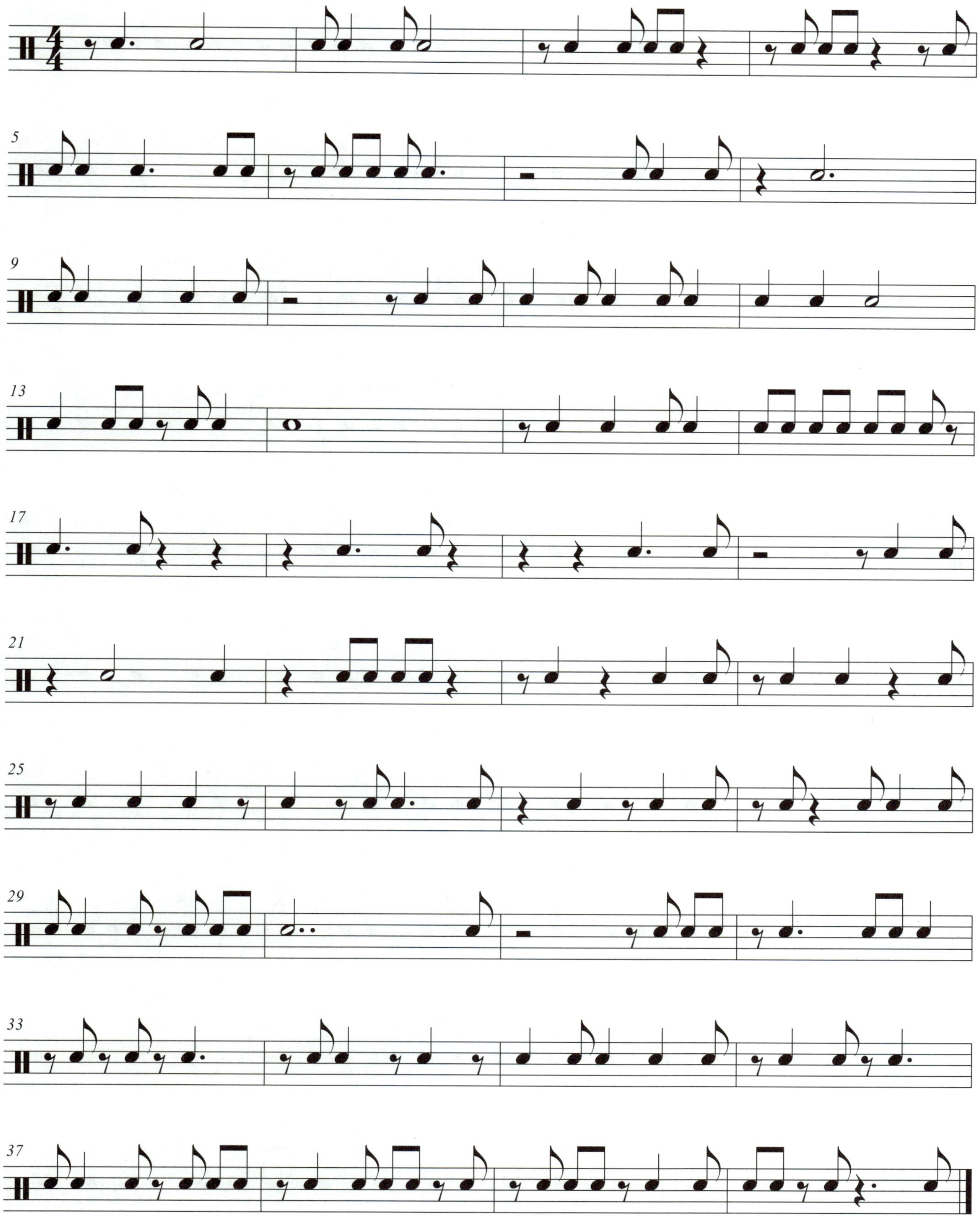

응용 연습 6

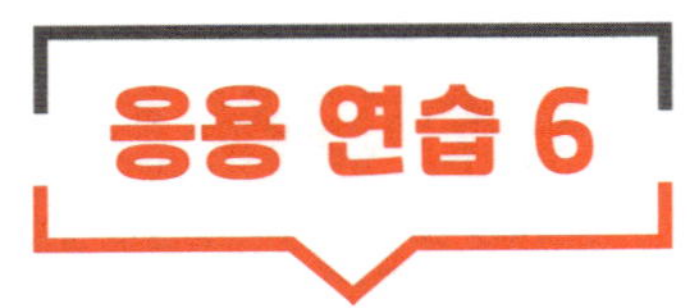

점음표 응용 연습입니다. 템포 60부터 천천히 연습해 보세요.

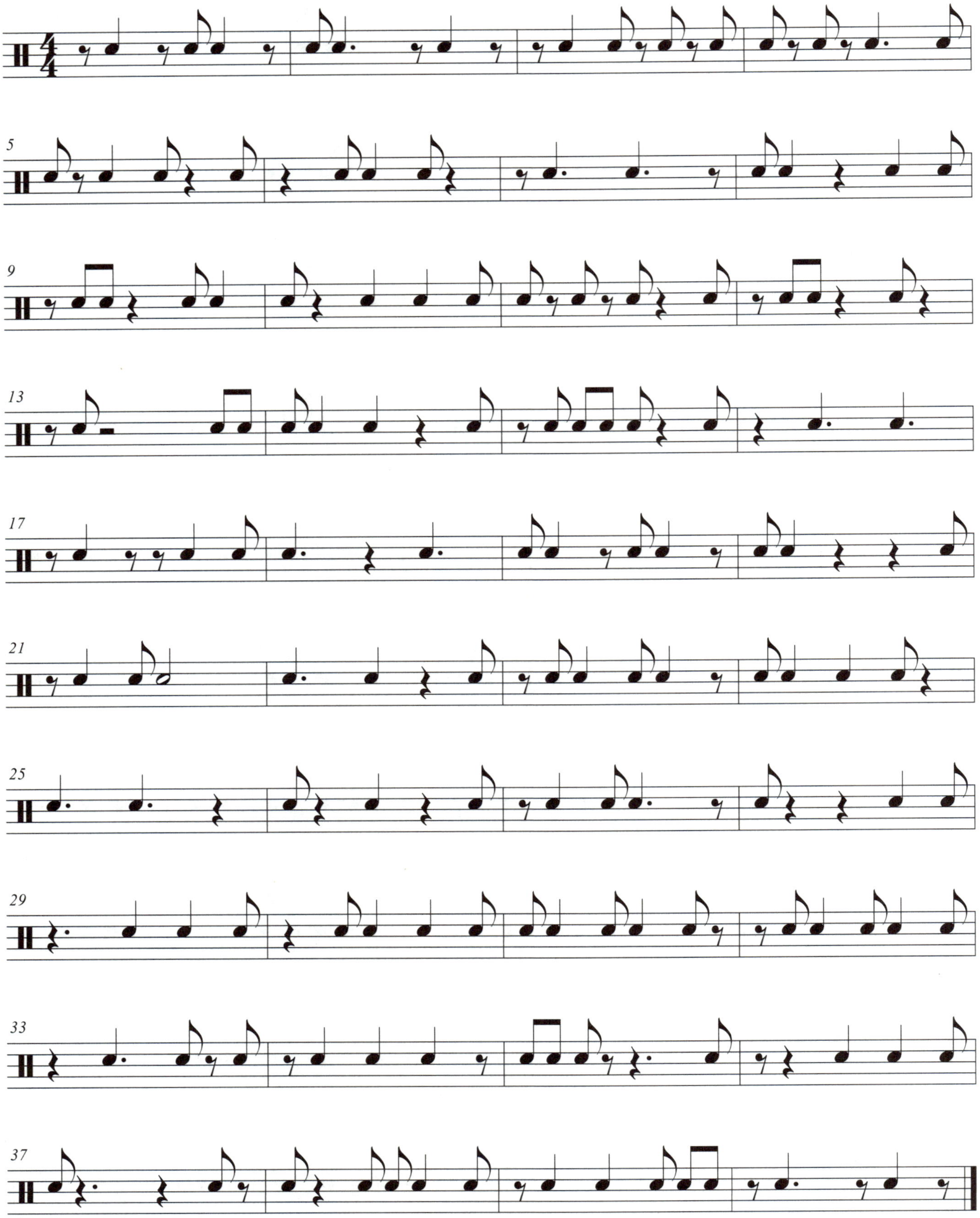

응용 연습 7

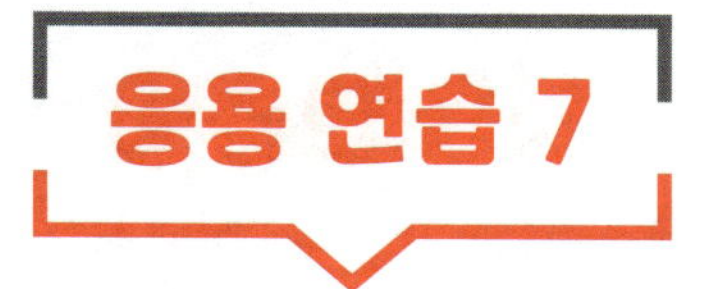

점음표와 붙임줄 응용 연습입니다. 템포 60부터 천천히 연습해 보세요.

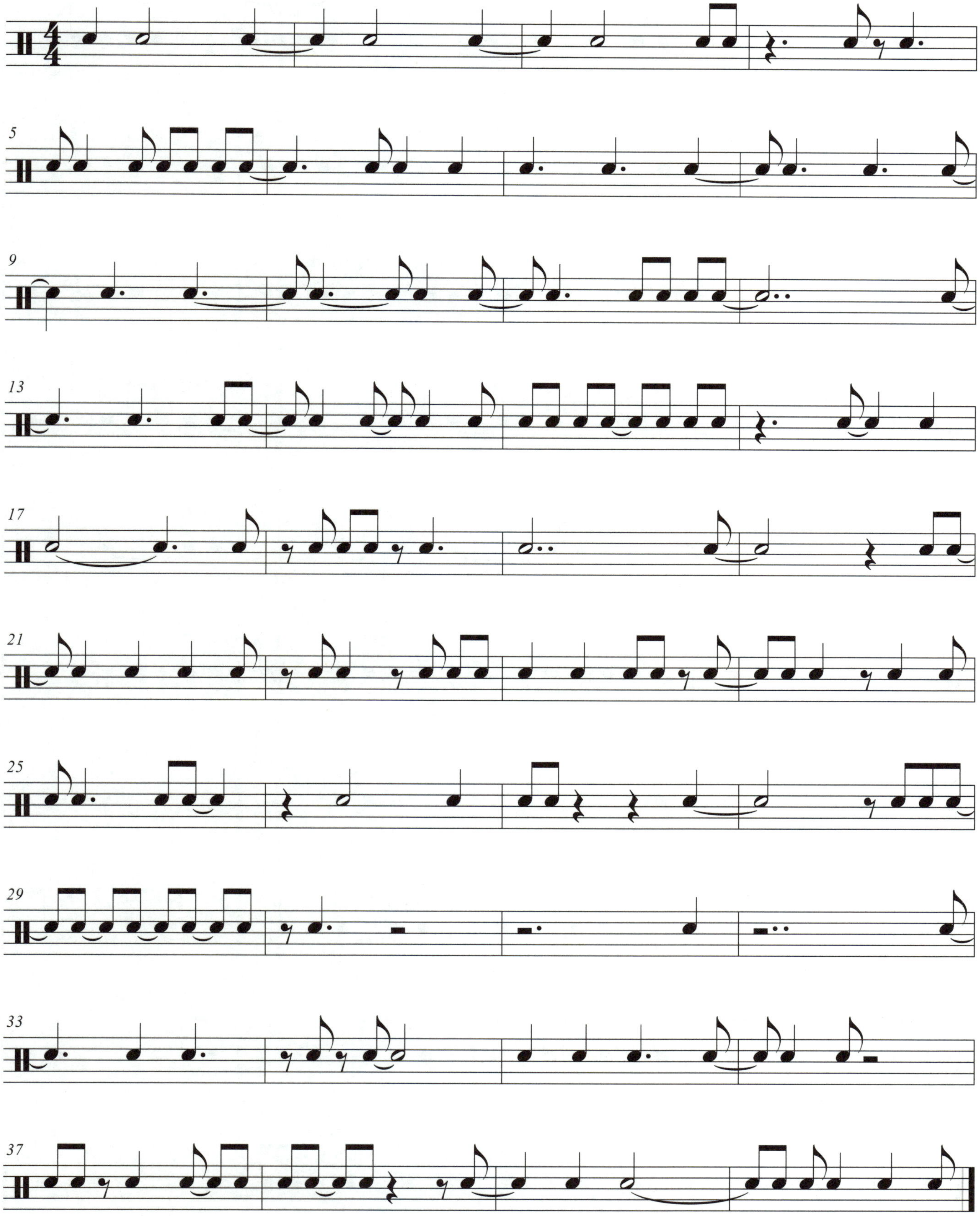

점음표와 붙임줄 응용 연습입니다. 템포 60부터 천천히 연습해 보세요.

응용 연습 9

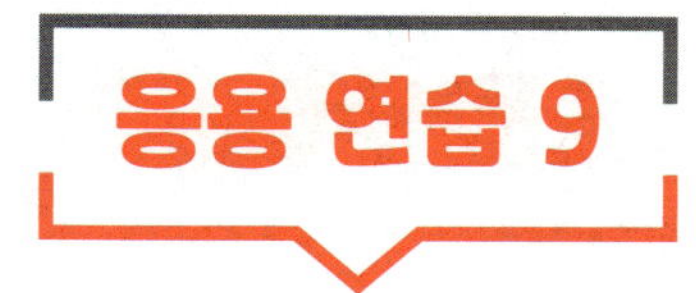

점음표와 붙임줄 응용 연습입니다. 템포 60부터 천천히 연습해 보세요.

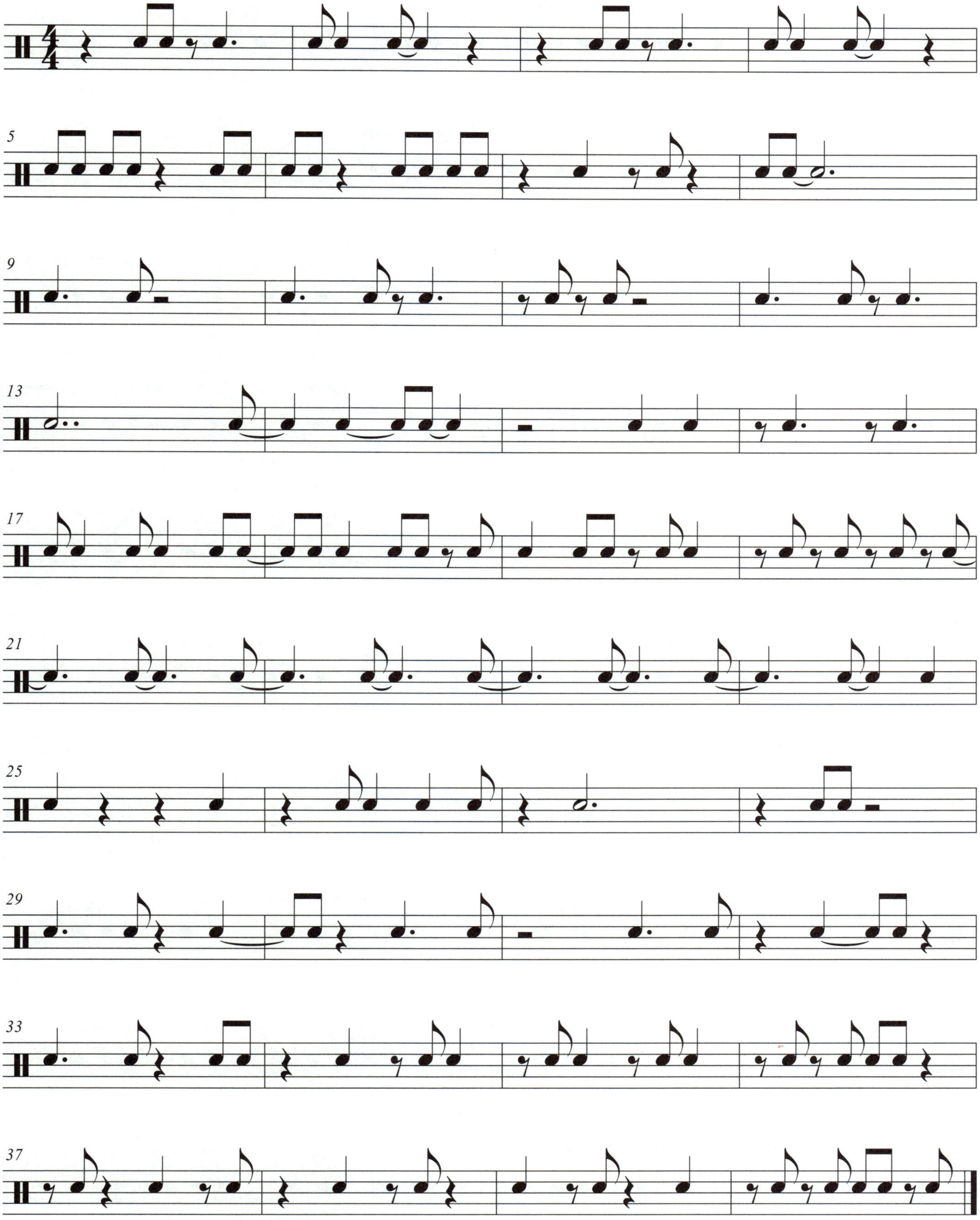

응용 연습 10

점음표와 붙임줄 응용 연습입니다. 템포 60부터 천천히 연습해 보세요.

응용 연습 11

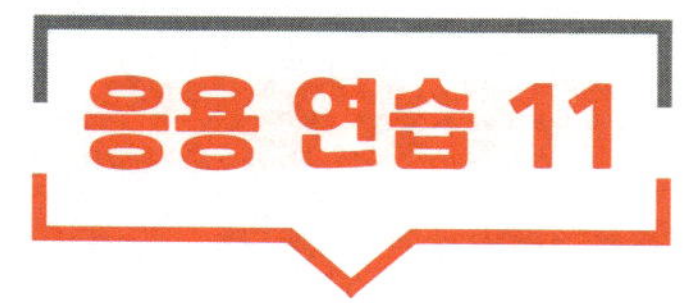

점음표와 붙임줄 응용 연습입니다. 템포 60부터 천천히 연습해 보세요.

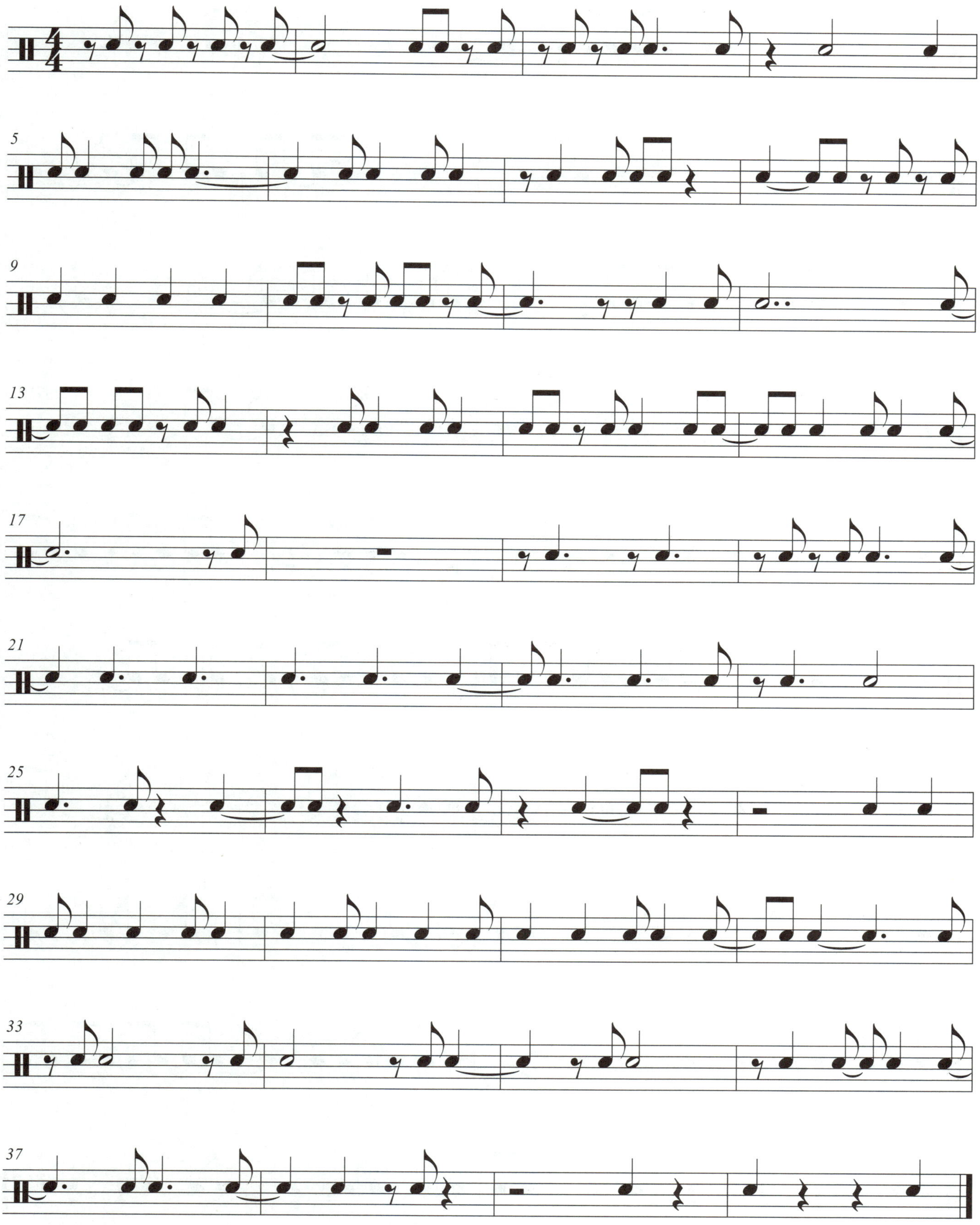

점음표와 붙임줄 응용 연습입니다. 템포 60부터 천천히 연습해 보세요.

응용 연습 13

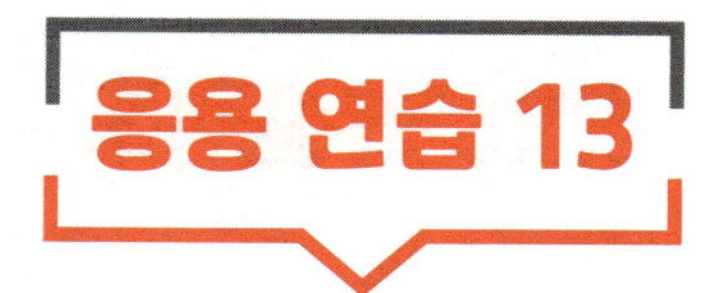

점음표와 붙임줄 응용 연습입니다. 템포 60부터 천천히 연습해 보세요.

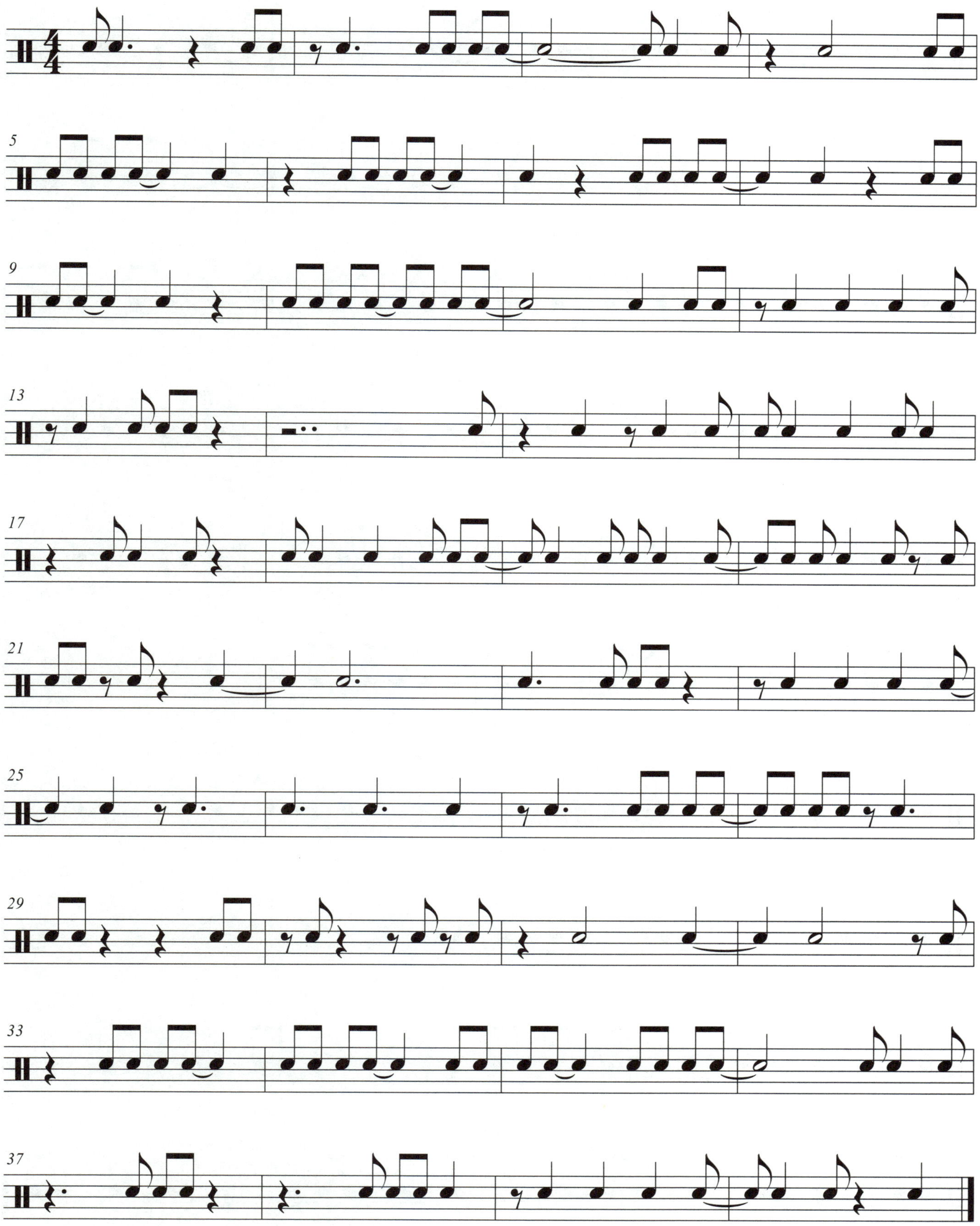

응용 연습 14

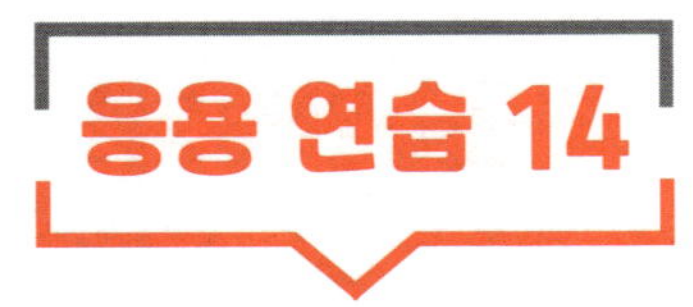

점음표와 붙임줄 응용 연습입니다. 템포 60부터 천천히 연습해 보세요.

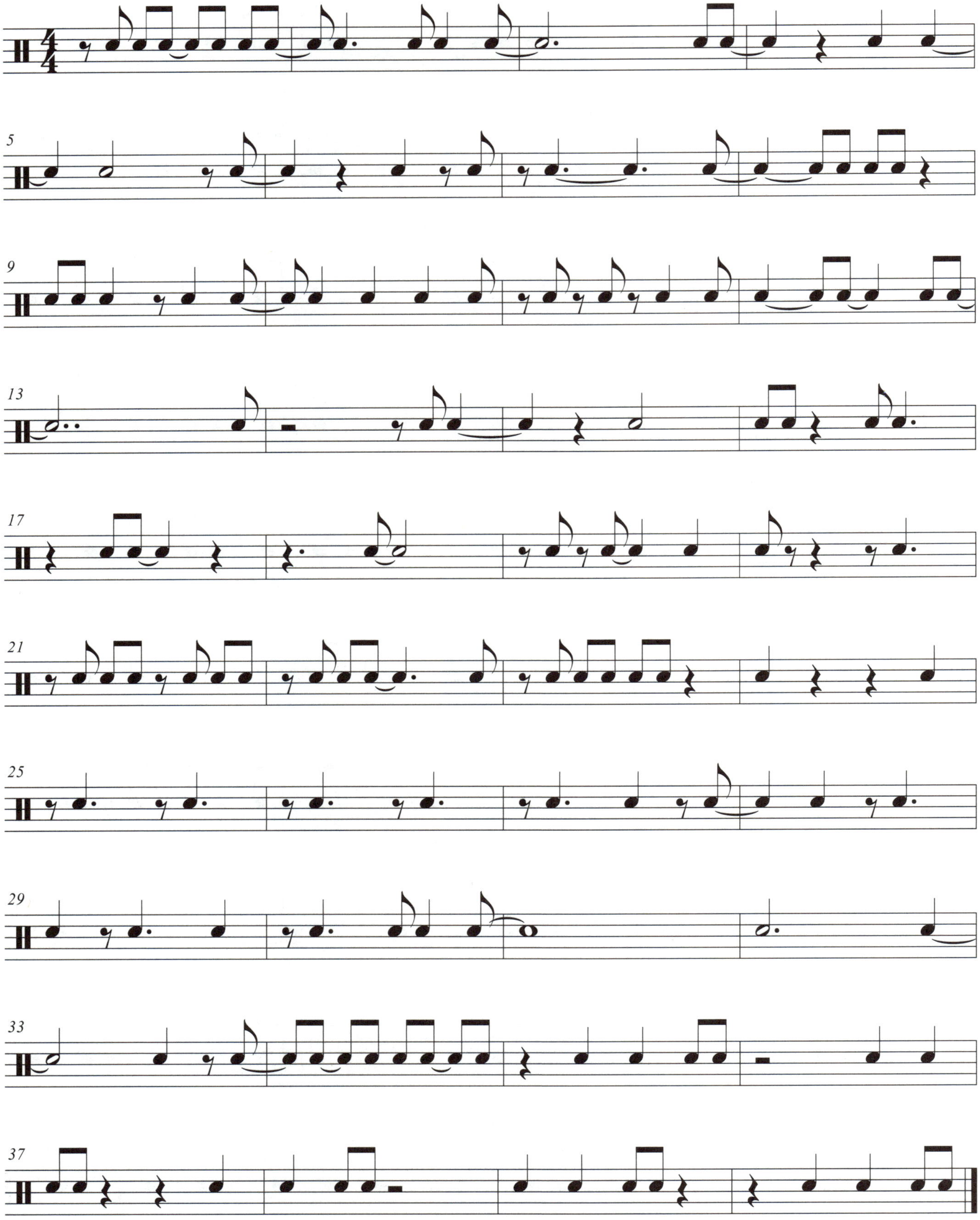

응용 연습 15

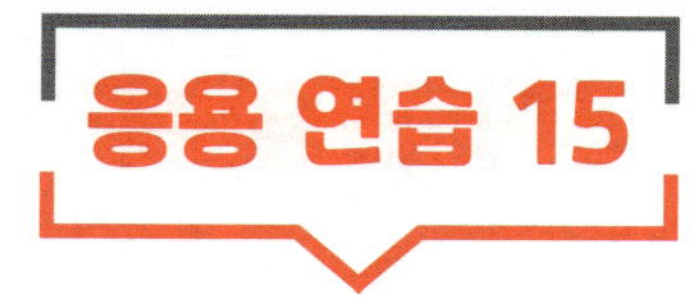

점음표와 붙임줄 응용 연습입니다. 템포 60부터 천천히 연습해 보세요.

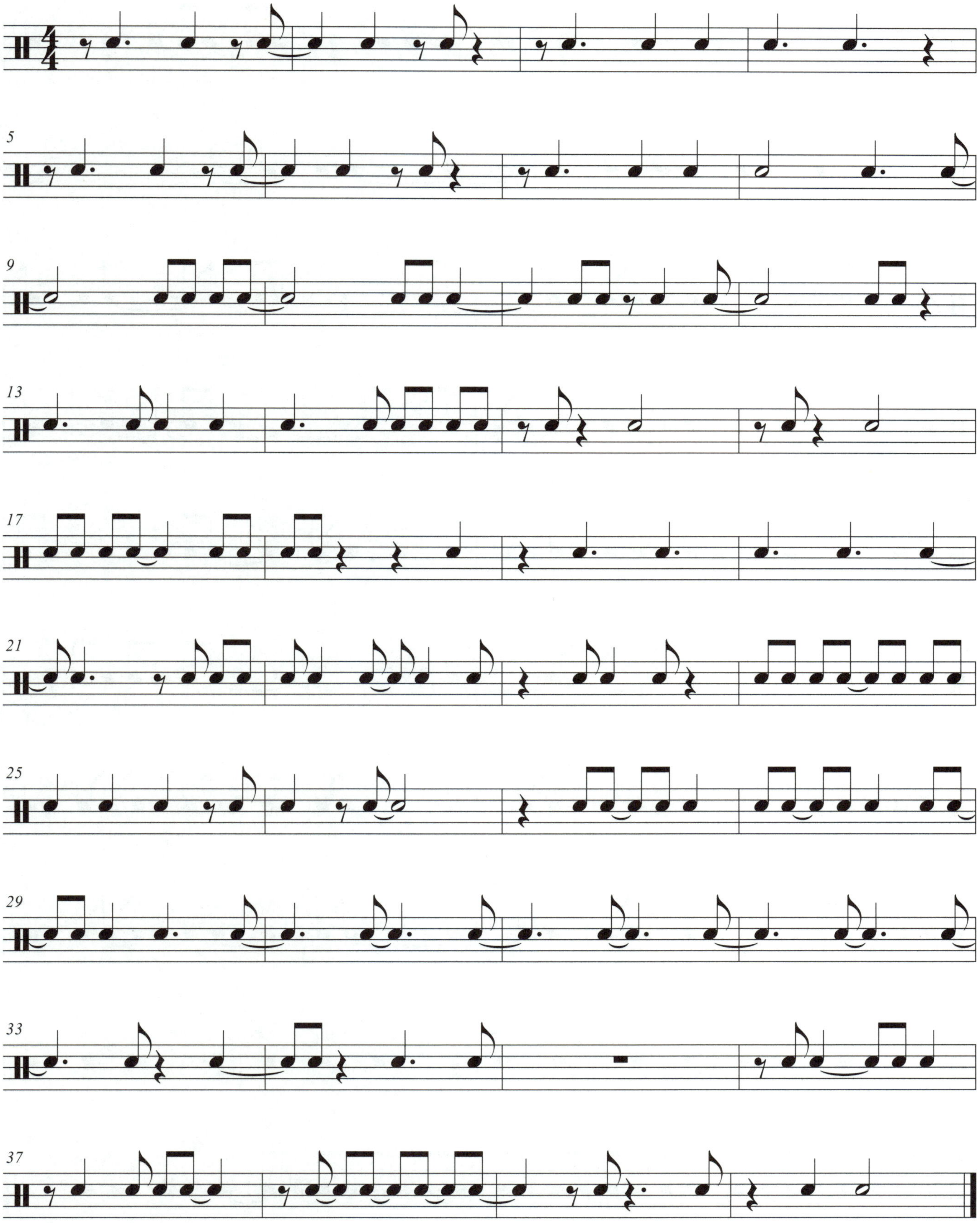

점음표와 붙임줄 응용 연습입니다. 템포 60부터 천천히 연습해 보세요.

46

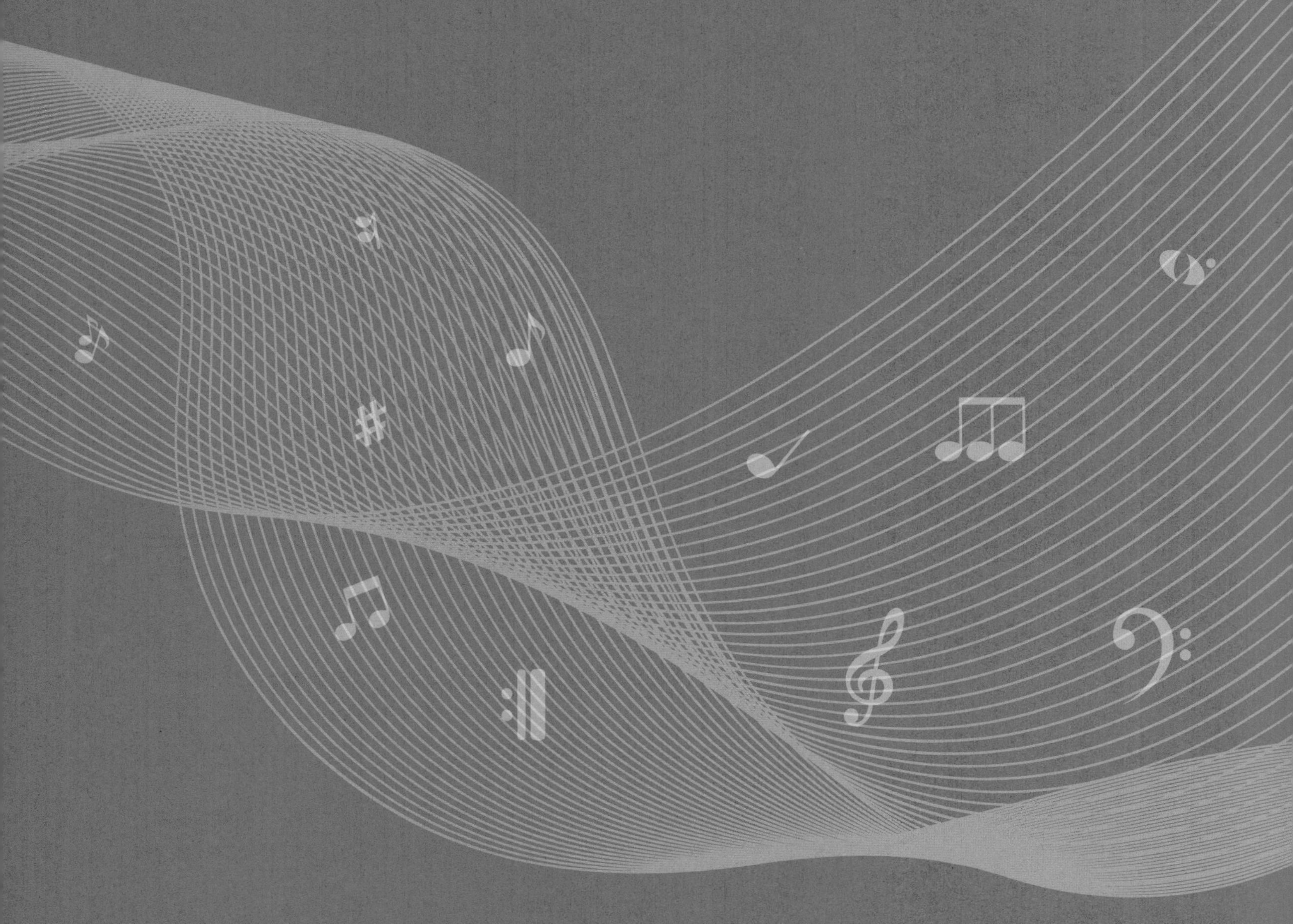

실전
리듬 연습 2

16분음표

16분음표 연습입니다. 8분음표와 번갈아가며 템포 60부터 천천히 연습해 보세요.

16분음표와 쉼표

16분음표와 쉼표 연습입니다. 템포 60부터 천천히 연습해 보세요.

21
1 e n a 2 e n a 3 e n a 4 e n a   1 e n a 2 e n a 3 e n a 4 e n a

23
1 e n a 2 e n a 3 e n a 4 e n a   1 e n a 2 e n a 3 e n a 4 e n a

25
1 e n a 2 e n a 3 e n a 4 e n a   1 e n a 2 e n a 3 e n a 4 e n a

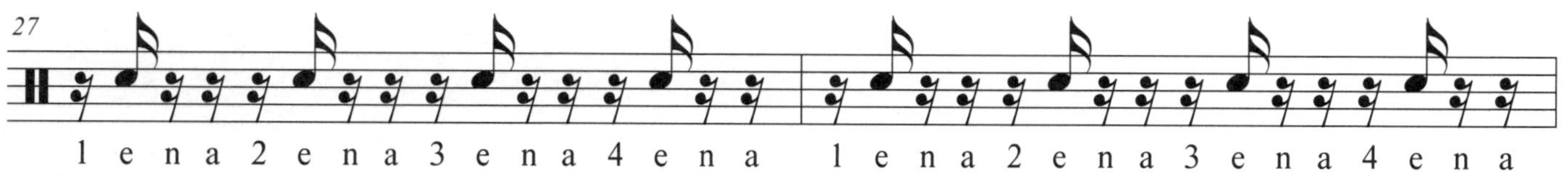
27
1 e n a 2 e n a 3 e n a 4 e n a   1 e n a 2 e n a 3 e n a 4 e n a

29
1 e n a 2 e n a 3 e n a 4 e n a   1 e n a 2 e n a 3 e n a 4 e n a

31
1 e n a 2 e n a 3 e n a 4 e n a   1 e n a 2 e n a 3 e n a 4 e n a

33
1 e n a 2 e n a 3 e n a 4 e n a   1 e n a 2 e n a 3 e n a 4 e n a

16분음표의 여러 표기 방법

1박 안에서 2개 이상의 음표가 있다면 그 음표들을 묶어서 표기할 수 있습니다.

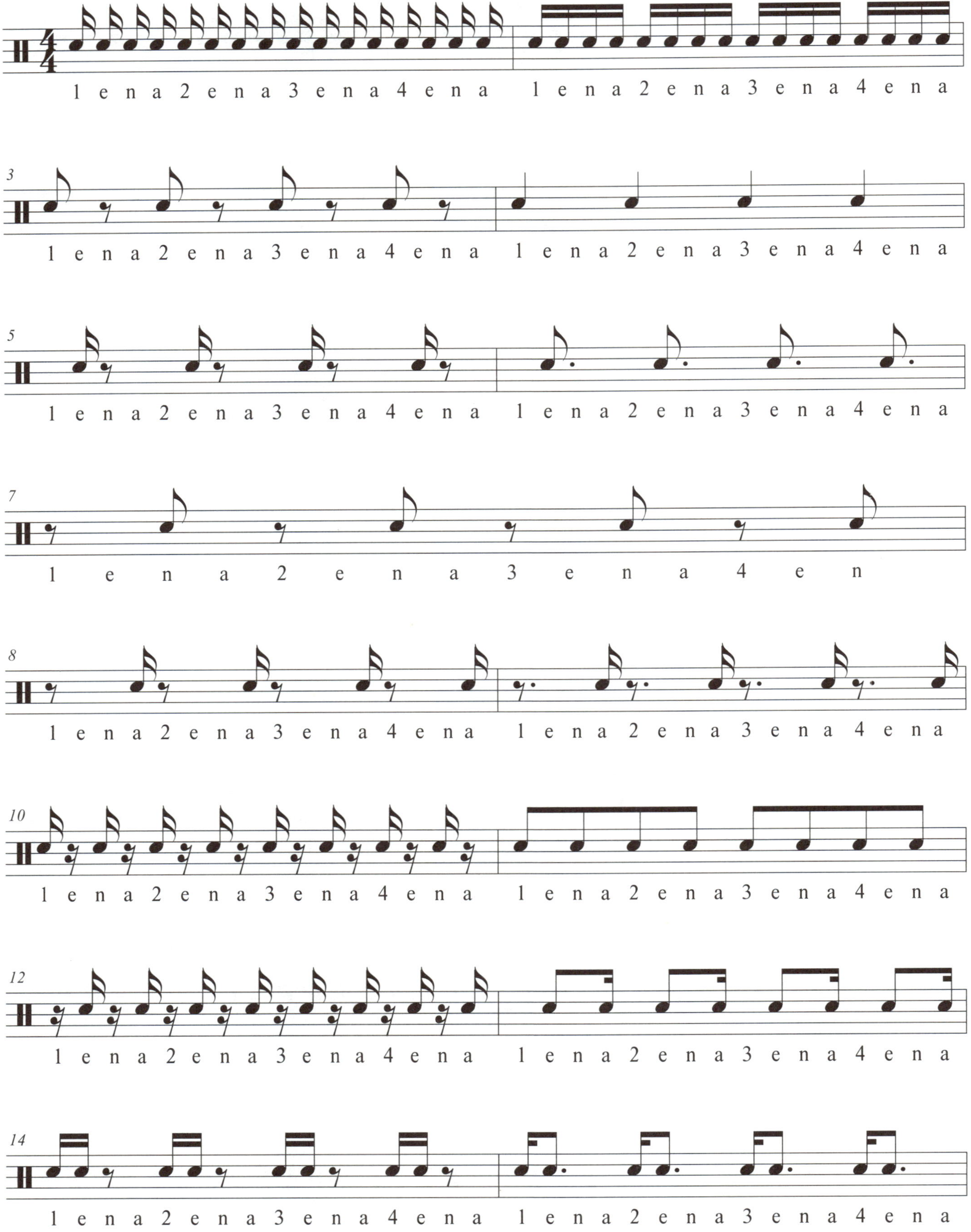

16
1 e n a 2 e n a 3 e n a 4 e n a
17
1 e n a 2 e n a 3 e n a 4 e n a   1 e n a 2 e n a 3 e n a 4 e n a
19
1 e n a 2 e n a 3 e n a 4 e n a   1 e n a 2 e n a 3 e n a 4 e n a
21
1 e n a 2 e n a 3 e n a 4 e n a   1 2 n a 2 e n a 3 e n a 4 e n a
23
1 e n a 2 e n a 3 e n a 4 e n a   1 e n a 2 e n a 3 e n a 4 e n a
25
1 e n a 2 e n a 3 e n a 4 e n a   1 e n a 2 e n a 3 e n a 4 e n a
27
1 e n a 2 e n a 3 e n a 4 e n a
28
1 e n a 2 e n a 3 e n a 4 e n a   1 e n a 2 e n a 3 e n a 4 e n a
30
1 e n a 2 e n a 3 e n a 4 e n a   1 e n a 2 e n a 3 e n a 4 e n a
32
1 e n a 2 e n a 3 e n a 4 e n a   1 e n a 2 e n a 3 e n a 4 e n a
34
1 e n a 2 e n a 3 e n a 4 e n a   1 e n a 2 e n a 3 e n a 4 e n a

업비트 연습

8비트 업비트 연습입니다. 템포 60부터 천천히 연습해 보세요.

16비트 업비트 연습입니다. 템포 60부터 천천히 연습해 보세요.

응용 연습 1

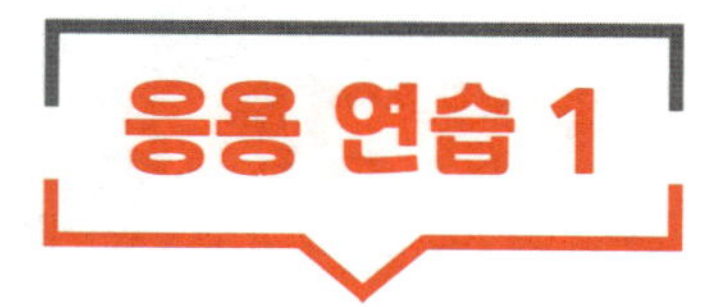

16분음표 응용 연습입니다. 템포 60부터 천천히 연습해 보세요.

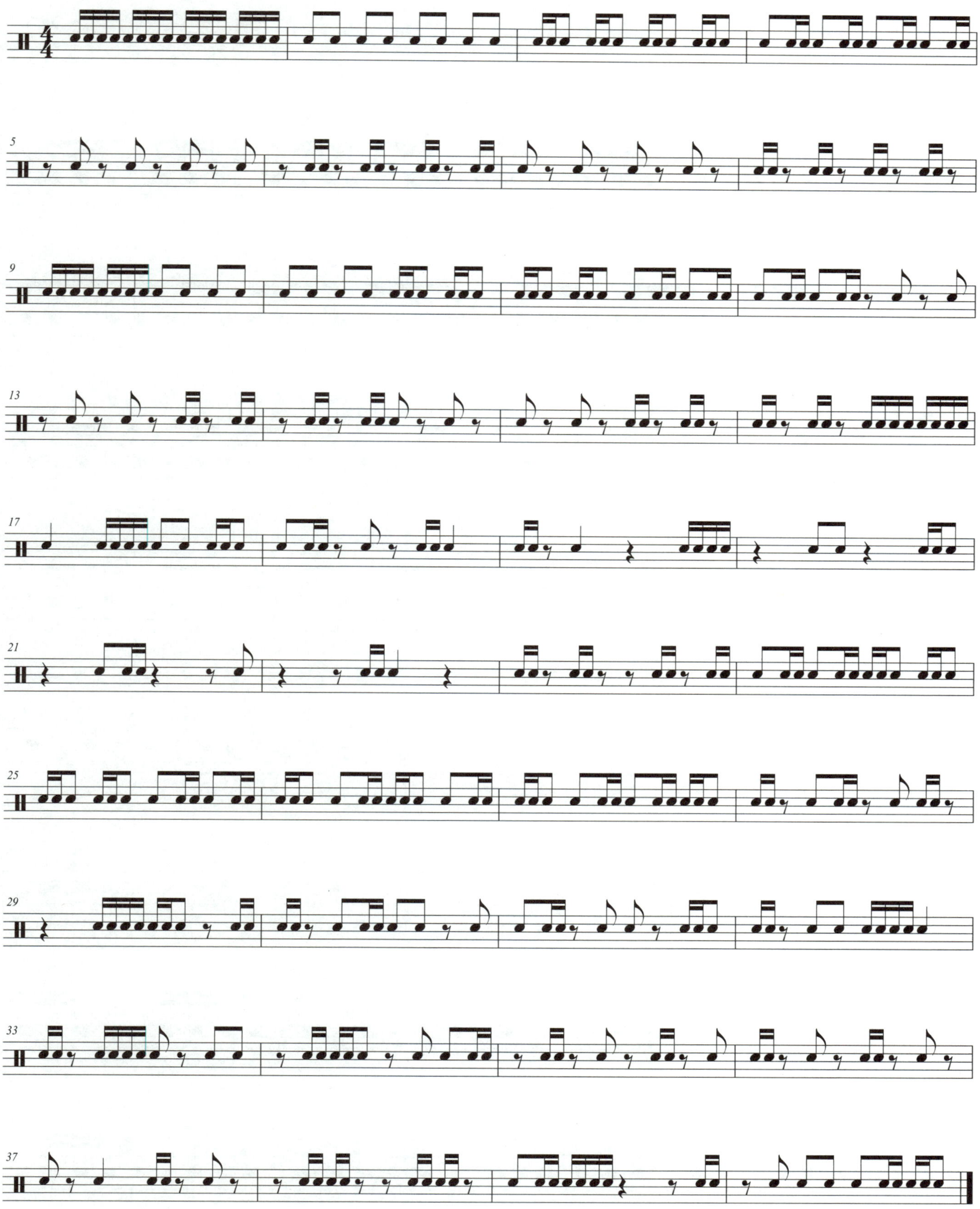

응용 연습 2

16분음표 응용 연습입니다. 템포 60부터 천천히 연습해 보세요.

16분음표 응용 연습입니다. 템포 60부터 천천히 연습해 보세요.

16분음표 응용 연습입니다. 템포 60부터 천천히 연습해 보세요.

16분음표 응용 연습입니다. 템포 60부터 천천히 연습해 보세요.

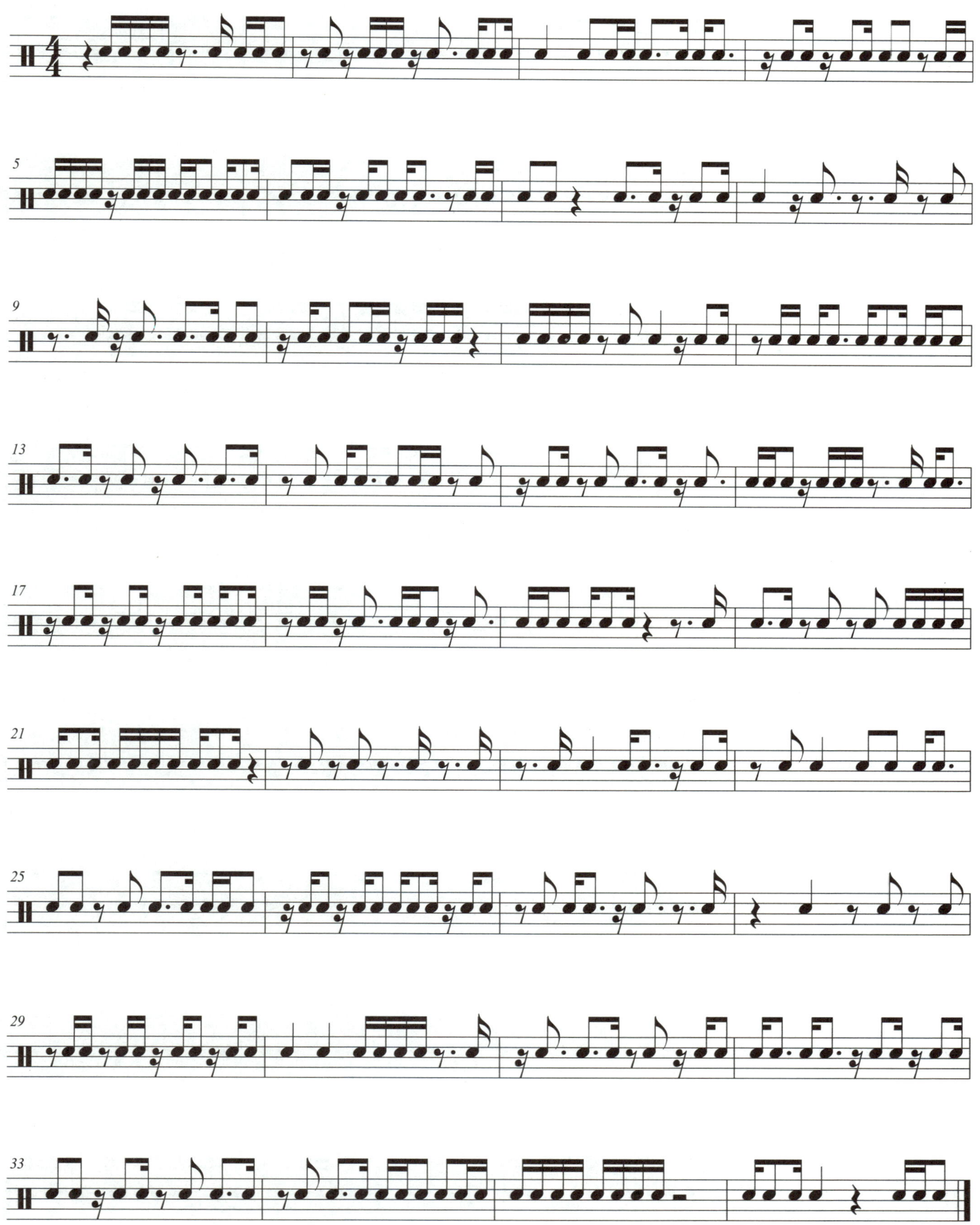

16분음표 응용 연습입니다. 템포 60부터 천천히 연습해 보세요.

응용 연습 7

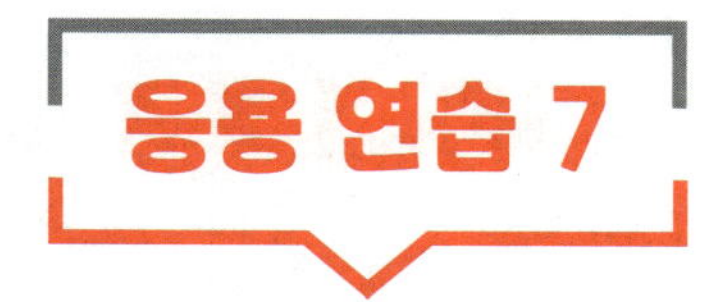

16분음표 응용 연습입니다. 템포 60부터 천천히 연습해 보세요.

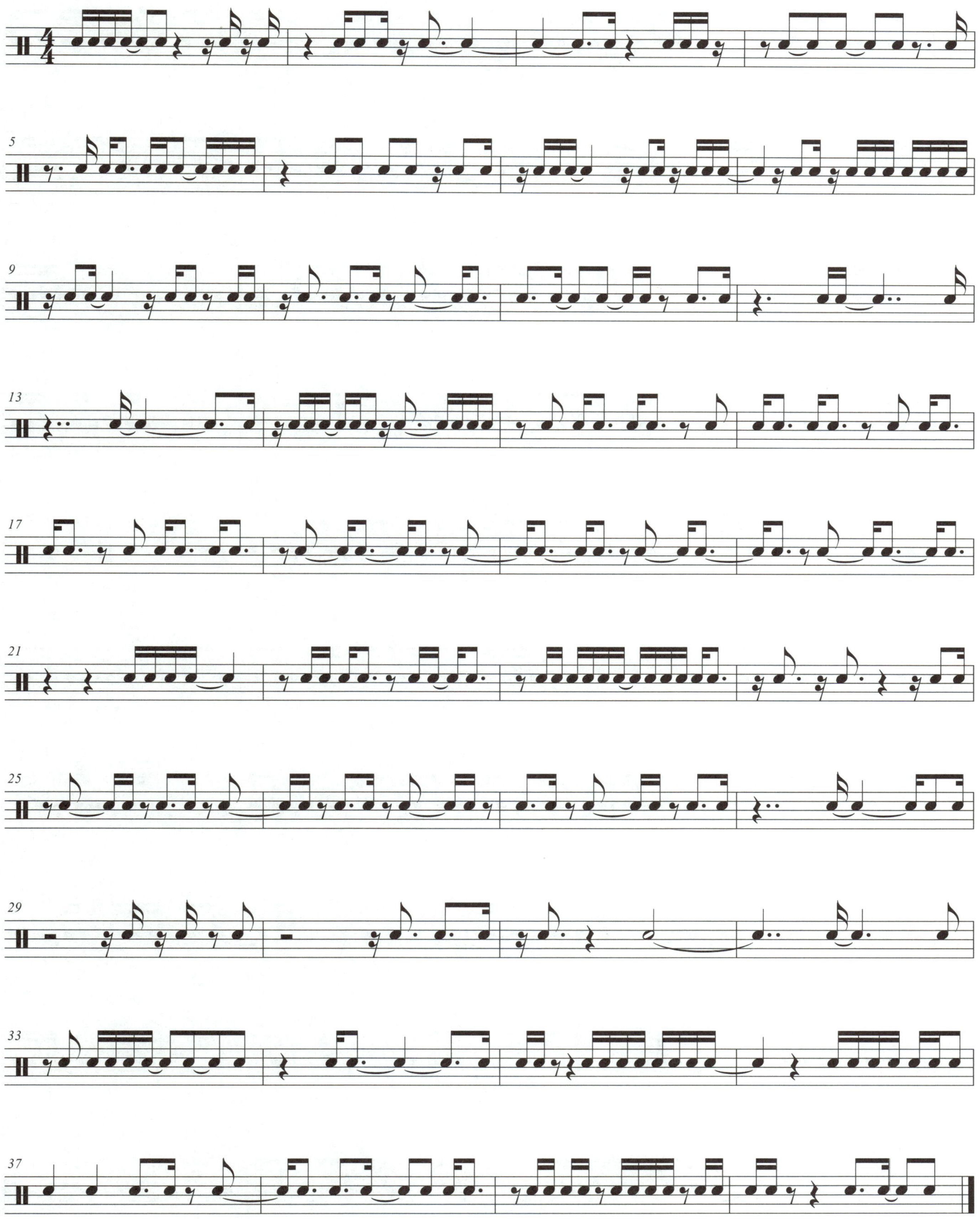

응용 연습 8

16분음표 응용 연습입니다. 템포 60부터 천천히 연습해 보세요.

응용 연습 9

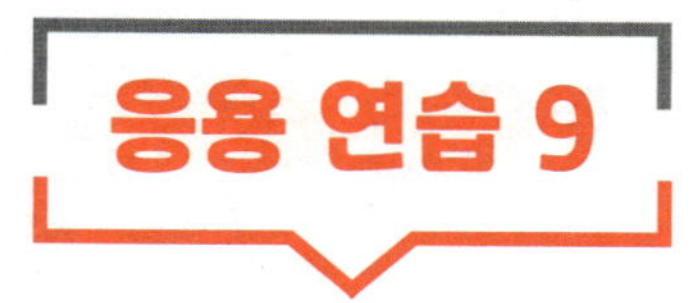

16분음표 응용 연습입니다. 템포 60부터 천천히 연습해 보세요.

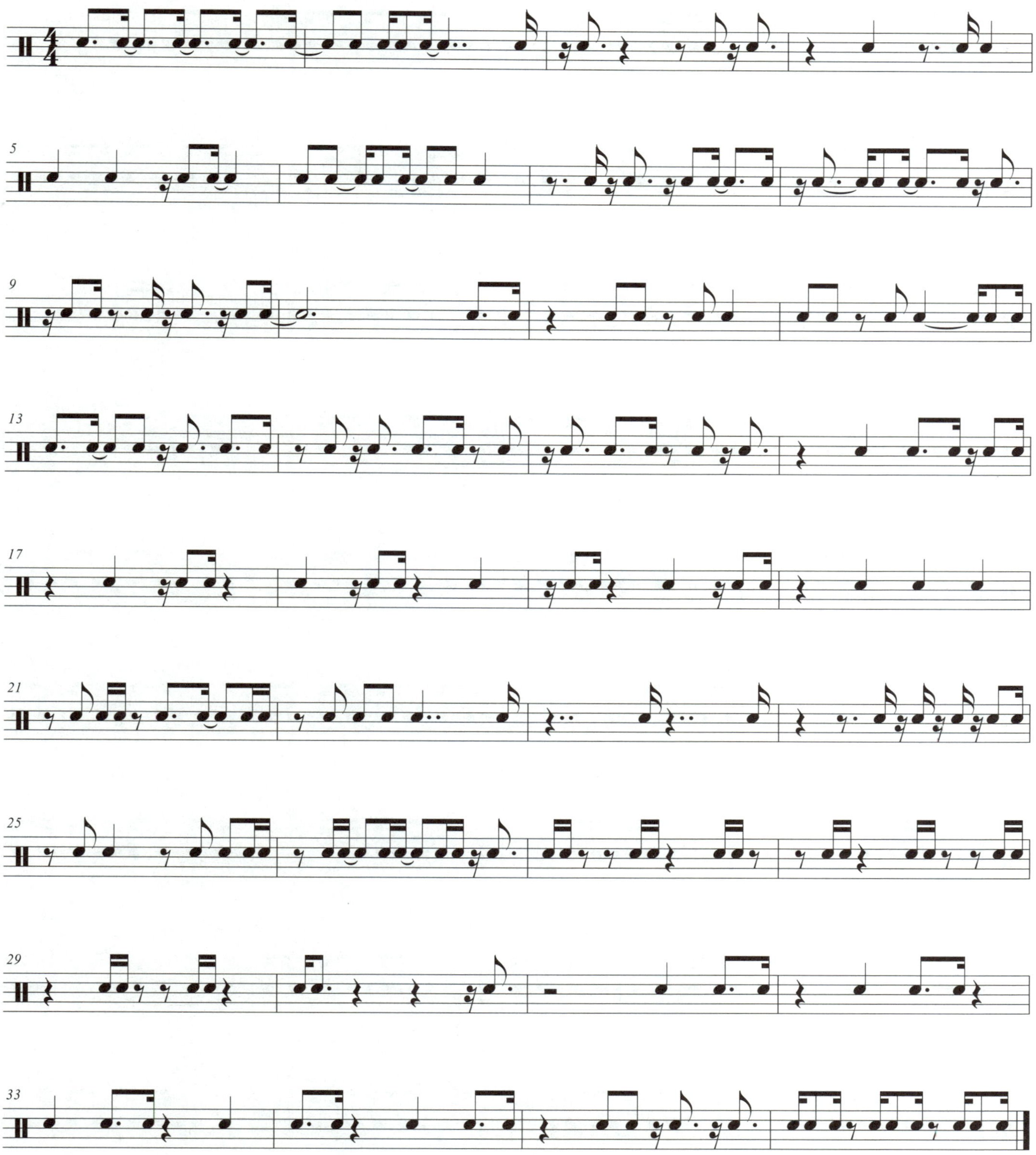

16분음표 응용 연습입니다. 템포 60부터 천천히 연습해 보세요.

응용 연습 11

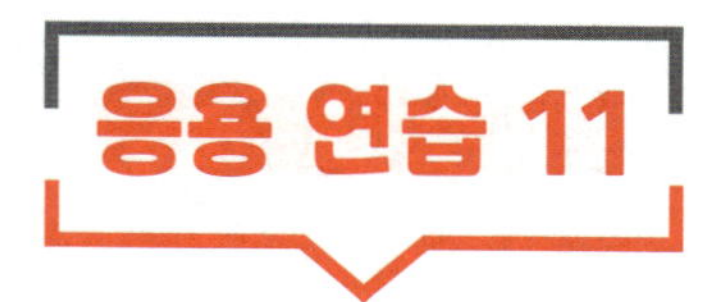

16분음표 응용 연습입니다. 템포 60부터 천천히 연습해 보세요.

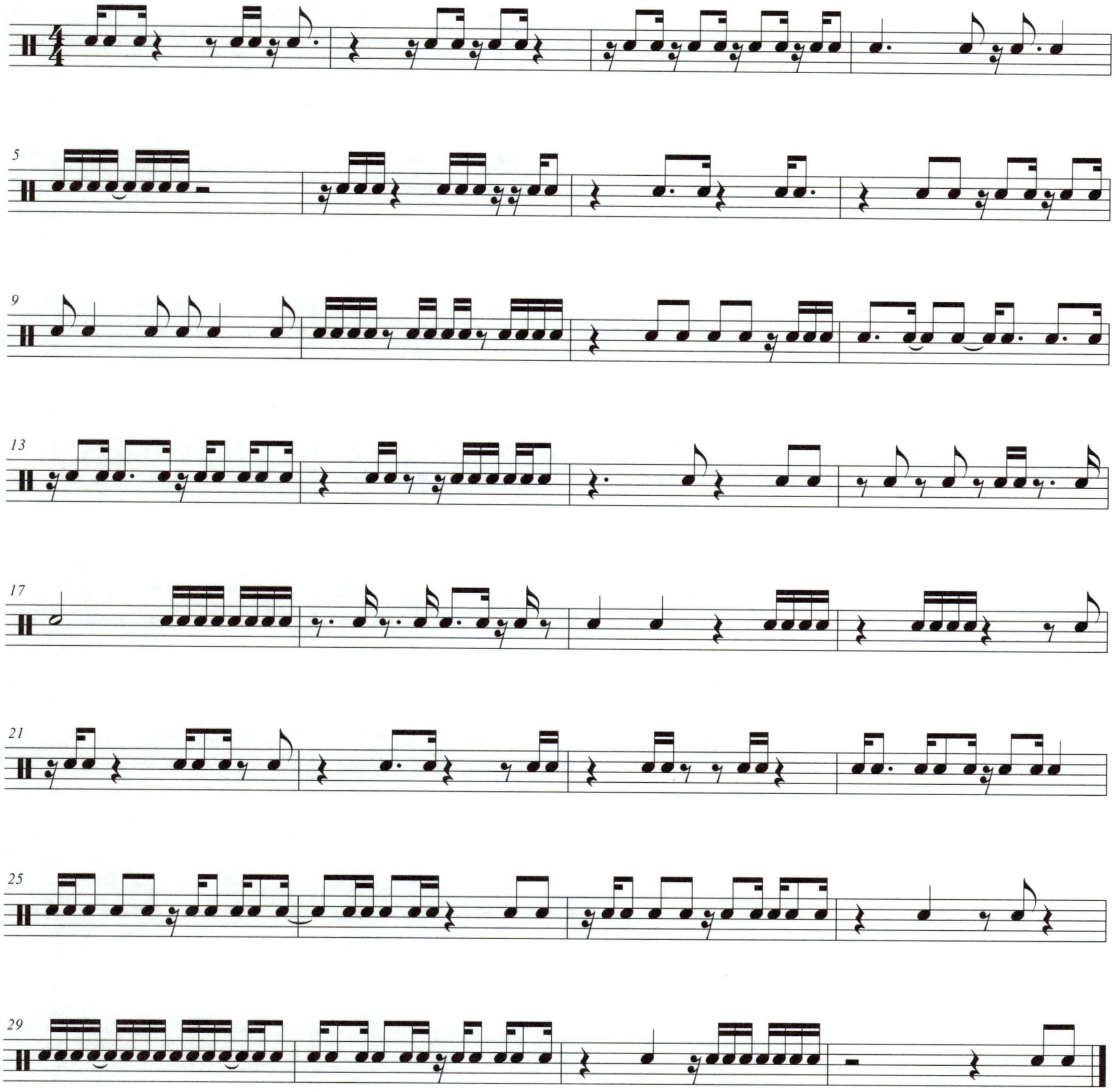

16분음표 응용 연습입니다. 템포 60부터 천천히 연습해 보세요.

응용 연습 13

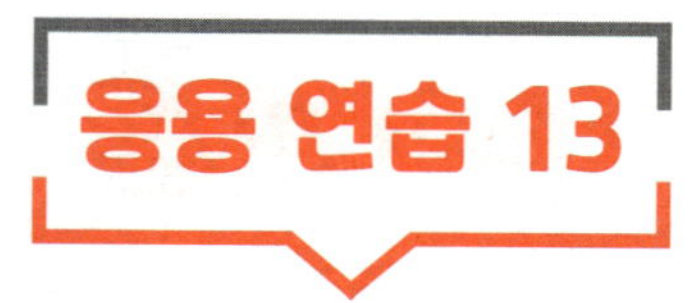

16분음표 응용 연습입니다. 템포 60부터 천천히 연습해 보세요.

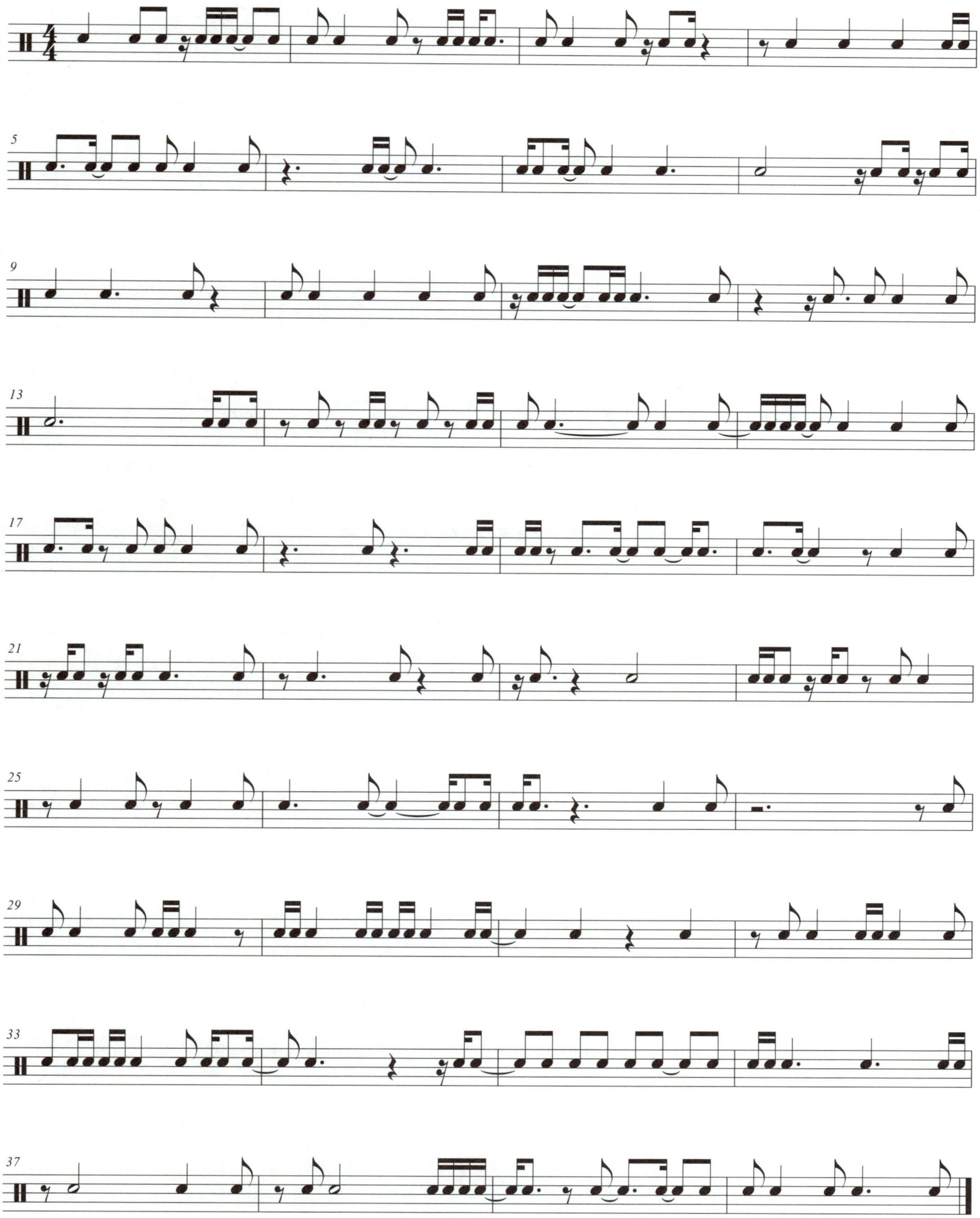

음악 기호

도돌이표   왼쪽과 오른쪽에 하나씩 있으며 이 2개의 기호 사이에 있는 마디를 한 번 더 반복합니다.

도돌이표와 함께 'X숫자'가 있을 경우 그 숫자의 길이만큼 반복합니다.

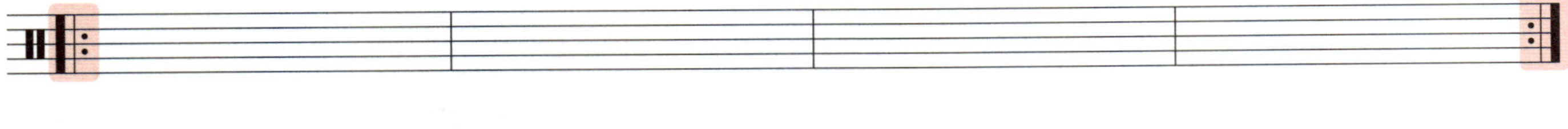

마디 반복 기호   같은 모양의 마디가 반복해서 나타날 때 사용합니다.

겹세로줄   마디 끝에 나오며 다른 파트로 넘어가거나 박자가 바뀔 때 사용합니다.

끝세로줄   곡이 끝날 때 마지막 마디에 사용합니다.

볼타   도돌이표와 함께 나오며 반복되는 부분의 뒷부분만 다를 때 쓰입니다. n번째 반복될 때마다 그 전에 나온 볼타 부분은 건너뛰고 연주합니다. 볼타는 앞 숫자에 따라 이름이 다르게 불리는데 1.은 퍼스트 엔딩(First Ending), 2.는 세컨드 엔딩(Second Ending), 3.은 써드 엔딩(Third Ending)으로 영어 숫자 이름 뒤에 '엔딩'이 같이 붙으며, '엔딩'을 '볼타'라고 부르기도 합니다.

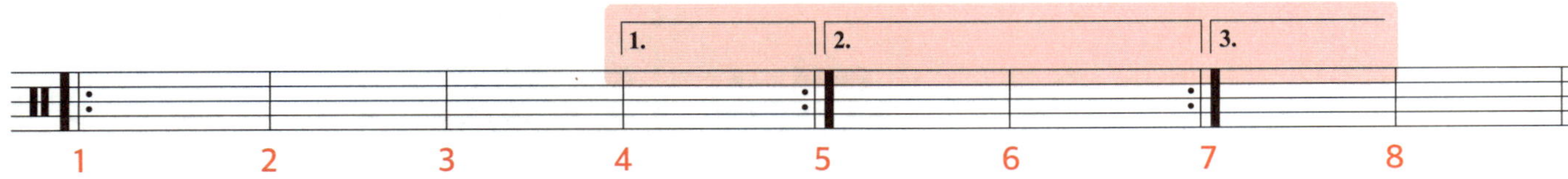

순서: 1-2-3-4-1-2-3-5-6-1-2-3-7-8

* ***D.C.**(da capo) 다카포:** 처음 마디로 돌아가라는 기호입니다.

* ***D.S.** (dal segno) 달세뇨:** 세뇨(𝄋)로 돌아가서 연주하라는 기호입니다.

* ***Coda** 코다 ⊕ :* 사용할 때 2개씩 사용되며, 처음 코다에서 두 번째 코다로 건너뛰어 연주하라는 기호입니다.

* ***Fine** 피네:** 이 표시가 있는 마디 혹은 음표에서 음악을 끝내라는 기호입니다.

* ***D.C. al Coda** 다카포 알 코다:** 이 표시가 있는 마디에서 처음 마디로 돌아가서 연주한 후 첫 번째 코다가 있는 마디에 도착하면 두 번째 코다로 건너뛰어 연주하라는 기호입니다.

* ***D.S. al Coda** 달세뇨 알 코다:** 이 표시가 있는 마디에서 세뇨로 돌아가서 연주한 후 첫 번째 코다가 있는 마디에 도착하면 두 번째 코다로 건너뛰어 연주하라는 기호입니다.

* ***D.C. al Fine** 다카포 알 피네:** 이 표시가 있는 마디에서 처음 마디로 돌아가서 연주한 후 *Fine* 에서 끝내라는 기호입니다.

* ***D.C. al Fine** 달세뇨 알 피네:** 이 표시가 있는 마디에서 세뇨로 돌아가서 연주한 후 *Fine* 에서 끝내라는 기호입니다. (주의: ***D.C.*** 혹은 ***D.S.*** 로 돌아갔을 때 달리 명시되지 않는 한 다른 기호로 반복해서는 안 됩니다)

파트 기호 : 마디 위에 위치해 있으며 몇 번째 파트인지 알려주는 기호입니다.

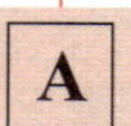

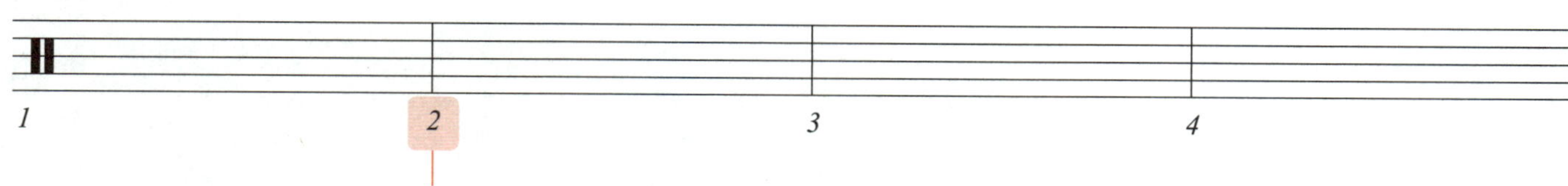

마디 번호 : 마디 아래에 위치해 있으며 몇 번째 마디인지 알려주는 기호입니다.

페르마타 : 음의 길이를 본래의 박자보다 2~3배 늘여서 연주하라는 기호입니다.

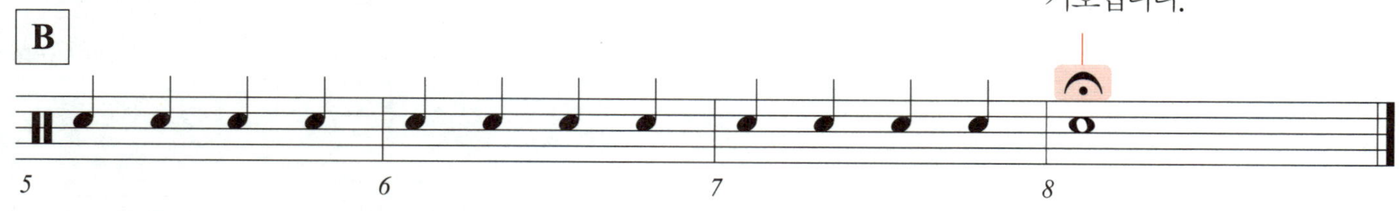

갖춘마디 : 마디 안에 있는 음표의 길이가 정해진 박자표와 맞는 것을 의미합니다.

못갖춘마디 : 한 마디 안에 있는 음표의 길이가 정해진 박자표에 맞지 않은 것을 의미하며, 주로 시작 파트에 있습니다. 또한 시작 파트에 못갖춘마디가 나올 경우 갖춘마디부터 마디 번호를 넣어줍니다.

음악 기호 예시(*D.S.*)

1) 1~12마디 연주

2) 도돌이표를 타고 A파트로 돌아갑니다(5마디).

3) 5~10마디 연주

4) 세컨드 엔딩으로 넘어갑니다.

5) 13~14마디 연주

6) 도돌이표를 타고 A파트로 돌아갑니다(5마디).

7) 5~10마디 연주

8) 써드 엔딩으로 넘어갑니다.

9) 15~16마디 연주

10) 17~24마디 연주(B파트)

11) D.S.로 인해 세뇨가 있는 A파트로 돌아갑니다(5마디).

12) 5~10마디 연주

13) 써드 엔딩으로 넘어갑니다.

14) 15~20마디 연주

15) 코다(Coda)로 인해 25마디로 이동합니다.

16) 25~28마디 연주 후 엔딩

음악 기호 예시(*D.C.*)

1) 1~4마디 연주

2) 5~12마디 연주(A파트)

3) 도돌이표를 타고 A파트로 돌아갑니다(5마디).

4) 5~10마디 연주

5) 세컨드 엔딩으로 넘어갑니다.

6) 13~14마디 연주

7) 15~22마디 연주(B파트)

8) 처음으로 돌아갑니다(D.C.)

9) 1~4마디 연주

10) 5~12마디 연주(A파트)

11) 도돌이표를 타고 A파트로 돌아갑니다(5마디).

12) 5~10마디 연주

13) 세컨드 엔딩으로 넘어갑니다.

14) 13~14마디 연주

15) B파트부터 Fine까지 연주(15~21마디)

음악 기호 응용 연습입니다. 템포 60부터 천천히 연습해 보세요.

음악 기호 응용 연습입니다. 템포 60부터 천천히 연습해 보세요.

음악 기호 응용 연습입니다. 템포 60부터 천천히 연습해 보세요.

음악 기호 응용 연습입니다. 템포 60부터 천천히 연습해 보세요.

응용 연습 5

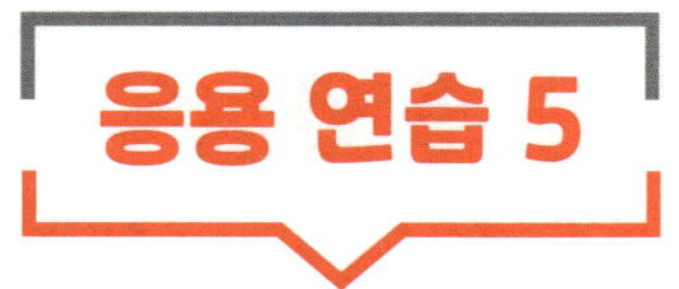

음악 기호 응용 연습입니다. 템포 60부터 천천히 연습해 보세요.

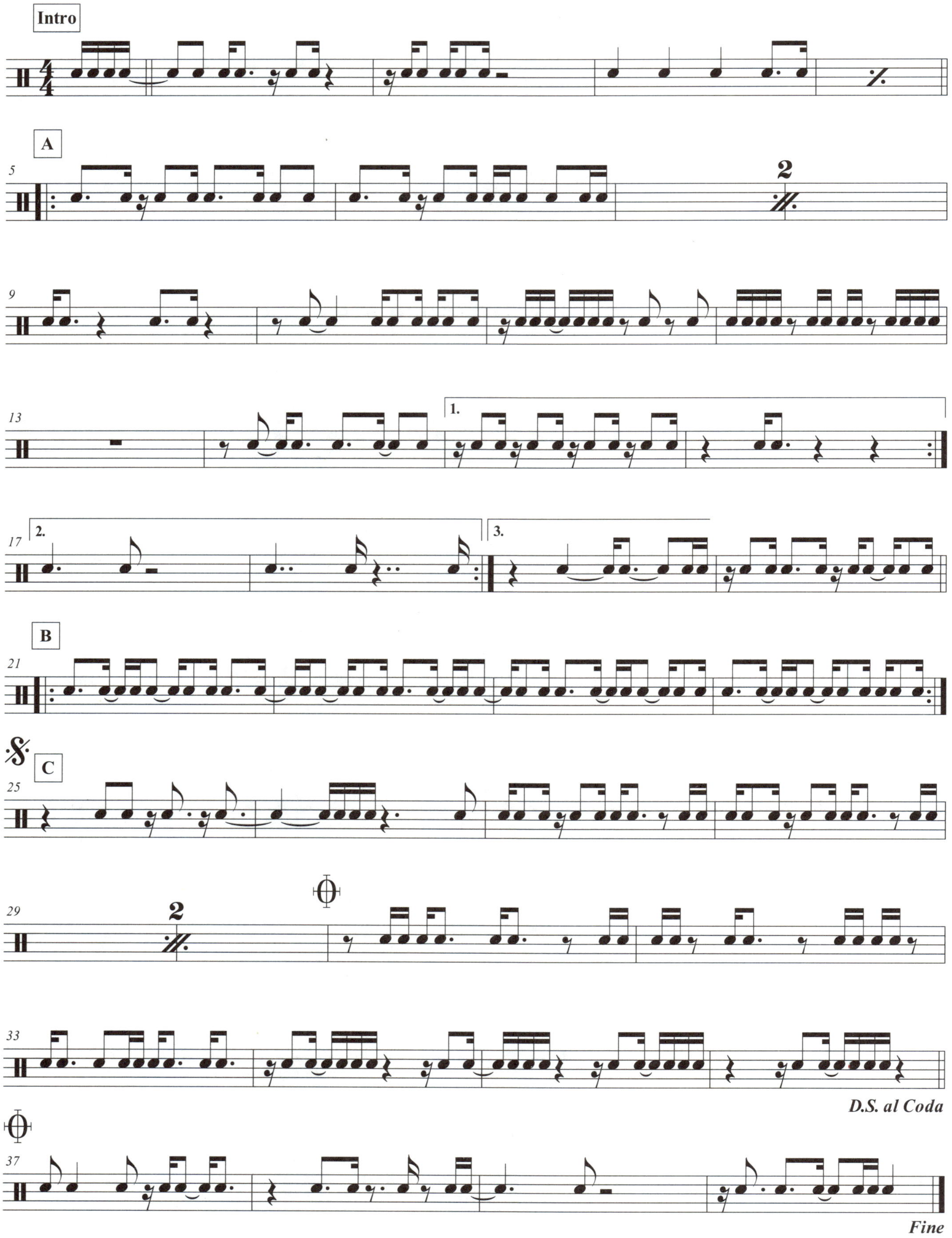

음악 기호 응용 연습입니다. 템포 60부터 천천히 연습해 보세요.

응용 연습 7

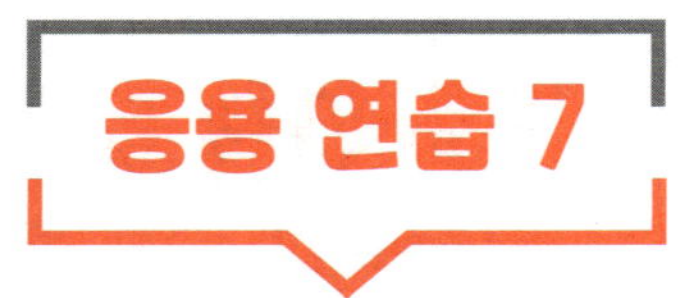

음악 기호 응용 연습입니다. 템포 60부터 천천히 연습해 보세요.

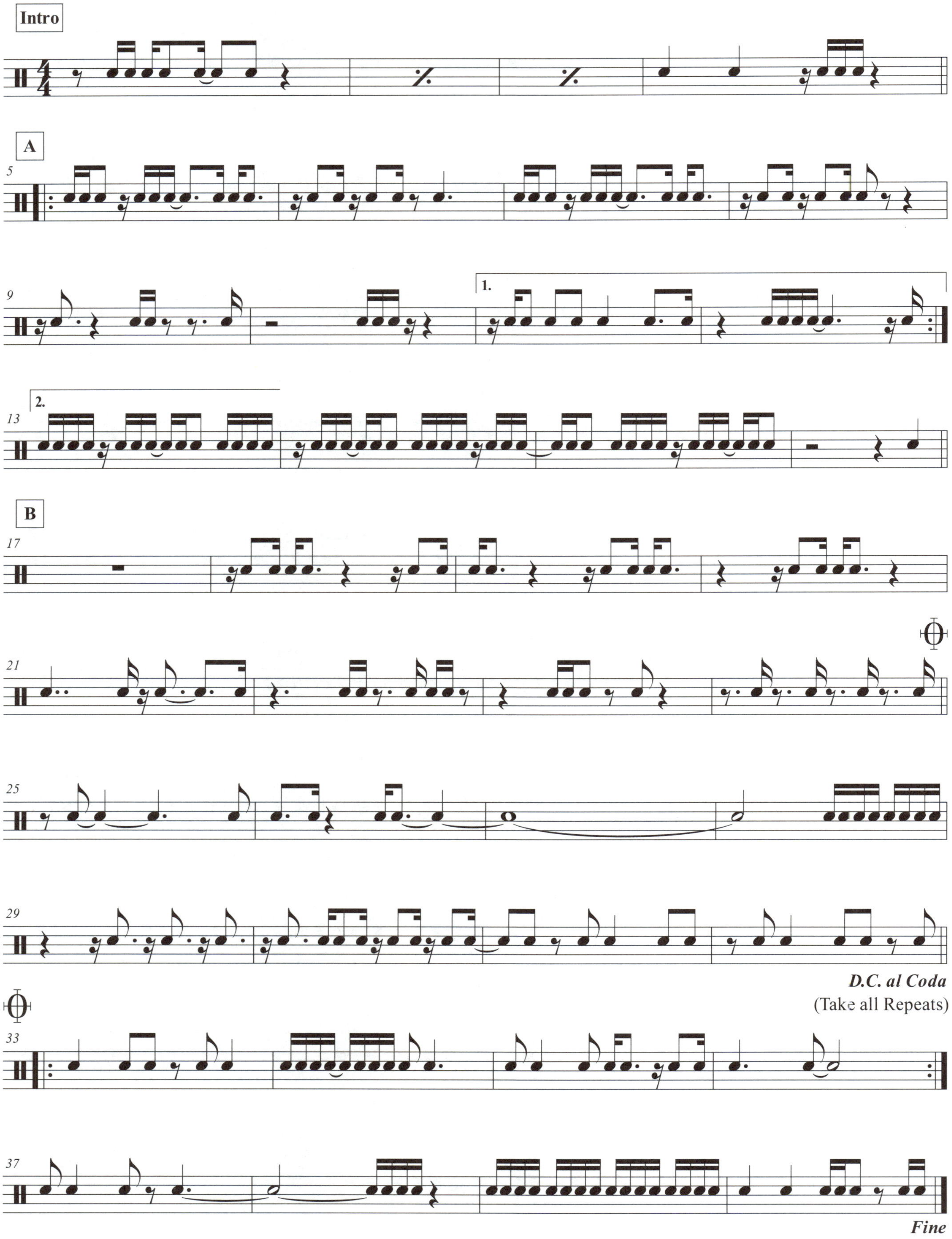

응용 연습 8

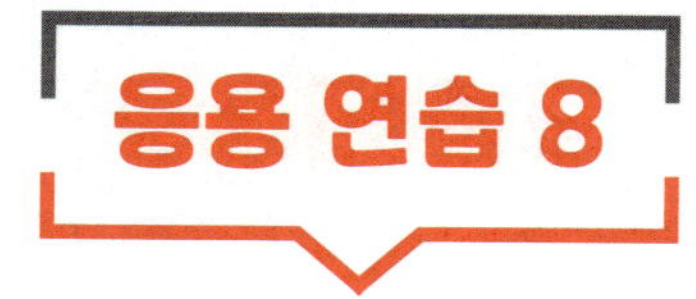

음악 기호 응용 연습입니다. 템포 60부터 천천히 연습해 보세요.

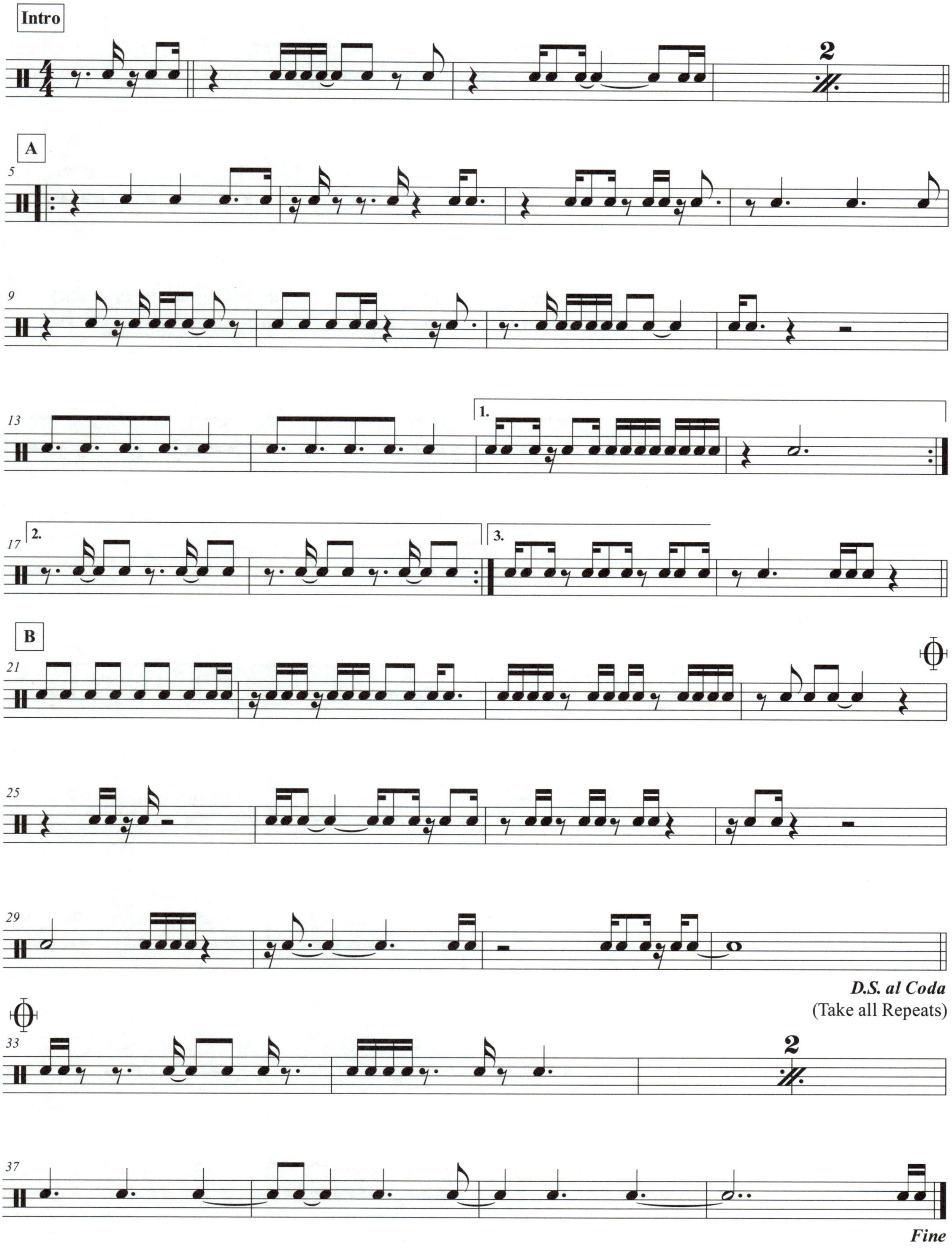

음악 기호 응용 연습입니다. 템포 60부터 천천히 연습해 보세요.

실전
리듬 연습 3

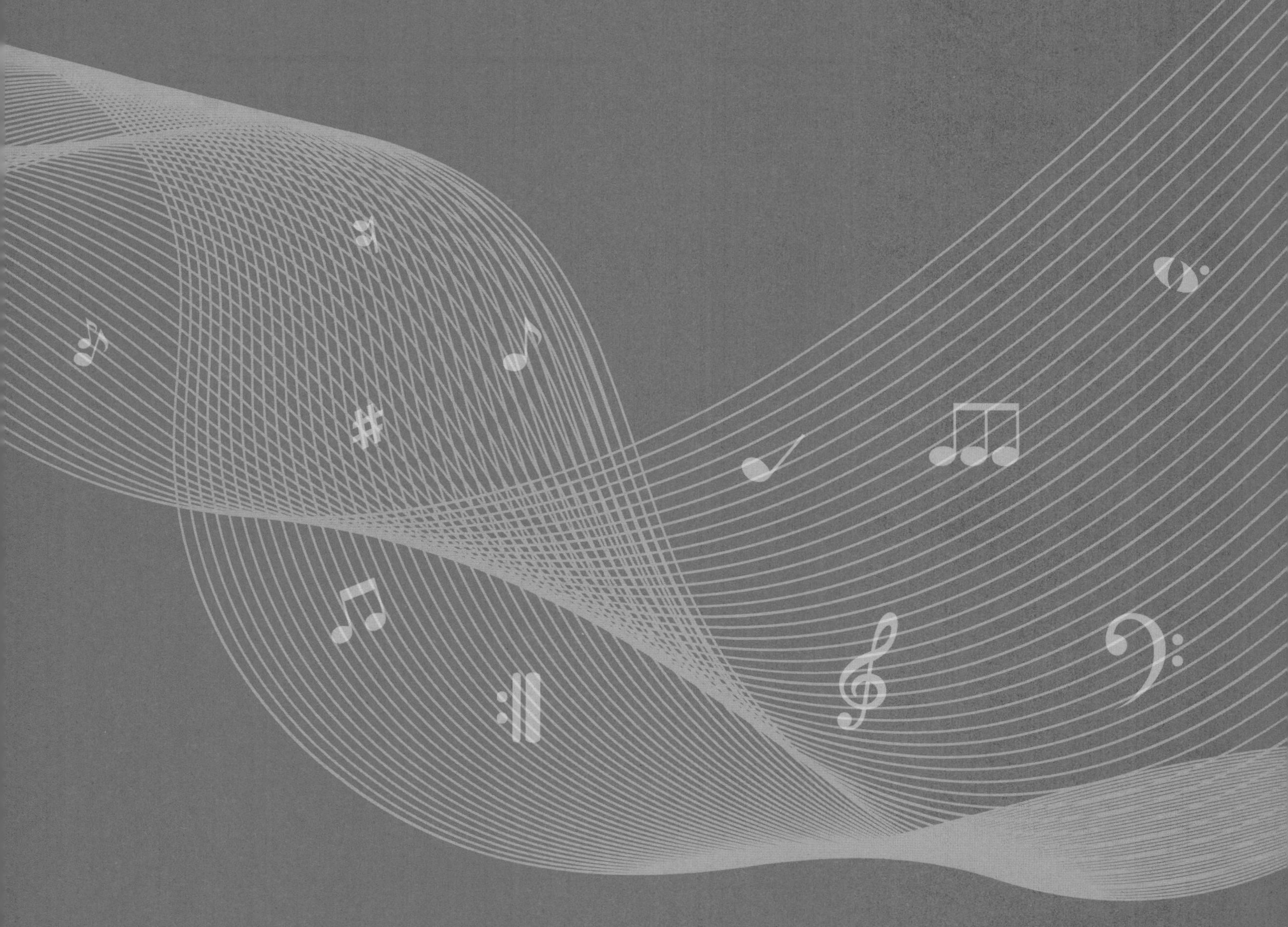

3연음과 카운팅

3연음은 **1박에 3개의 음표가 들어가도록 연주**합니다. 카운팅은 다른 음표와 다르게 음절 부분을 't'로 발음하며, 'e', 'n'으로 대체해서 사용할 수 있습니다.

3연음 연습 1

3연음 연습입니다. 4분음표와 번갈아가며 템포 60부터 천천히 연습해 보세요.

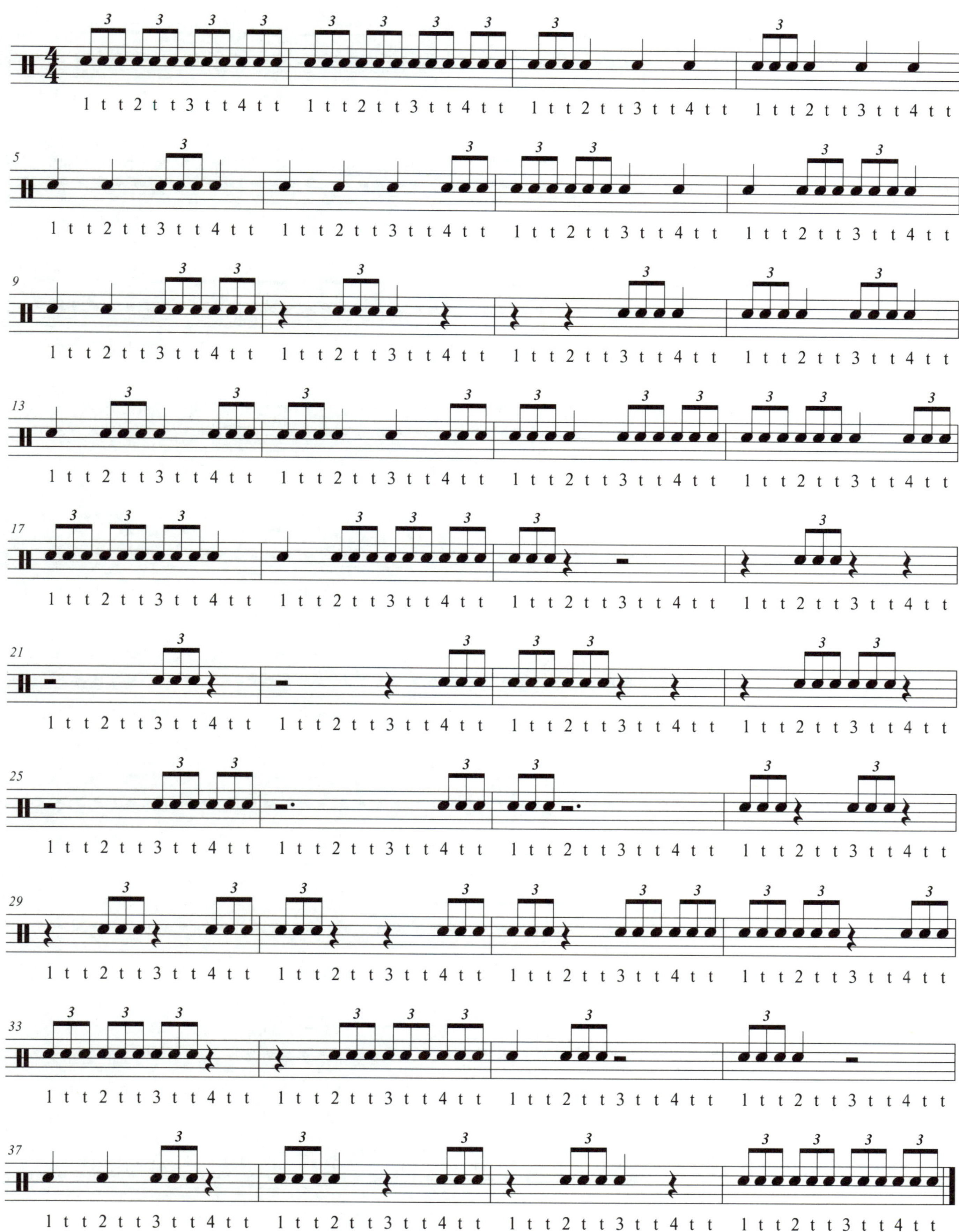

3연음 연습 2

3연음 연습입니다. 쉼표와 함께 템포 60부터 천천히 연습해 보세요.

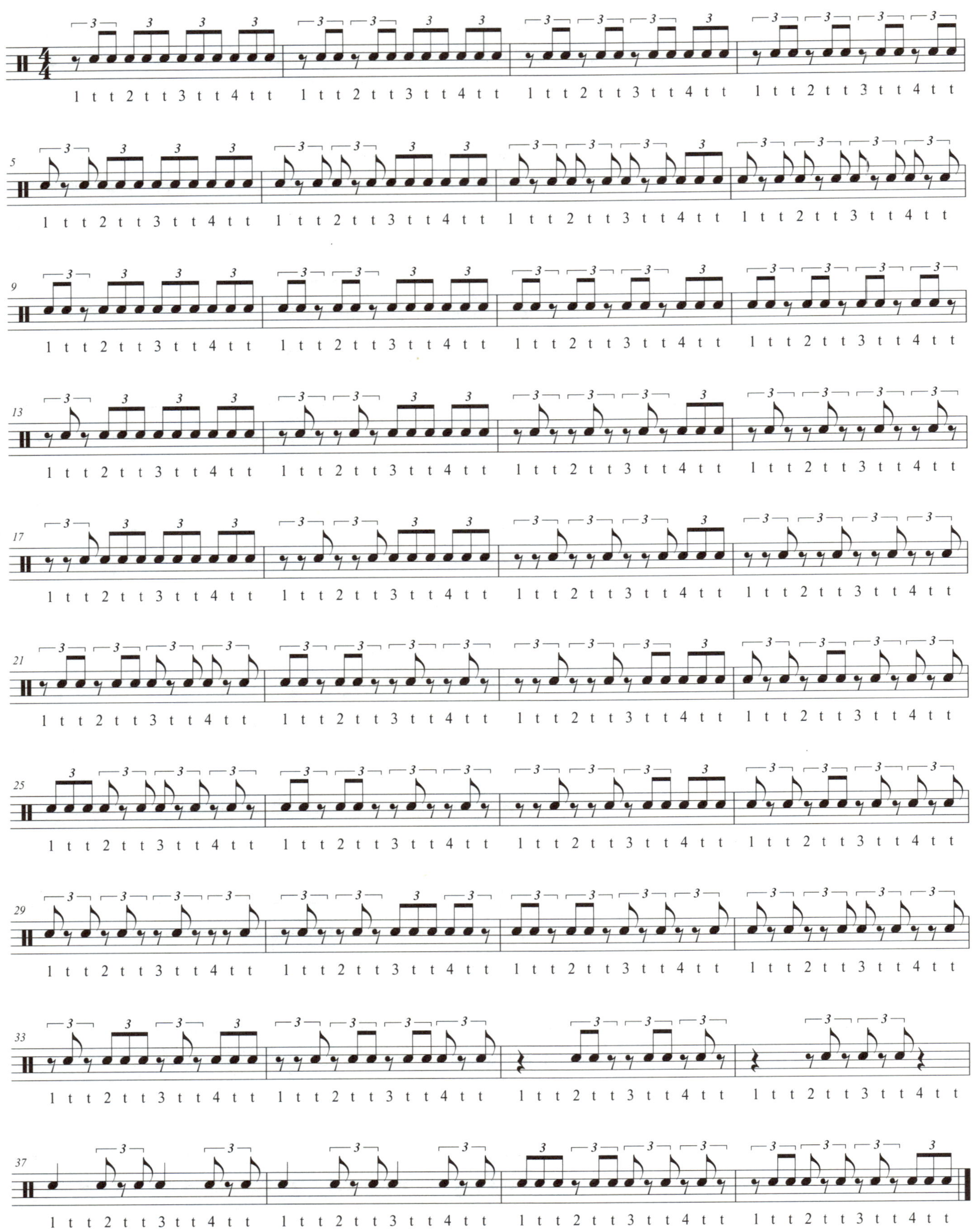

3연음에써의 4분음표 연습 1

3연음에서의 4분음표 연습입니다. 템포 60부터 천천히 연습해 보세요.

Chapter 4

3연음에서의 4분음표 연습 2

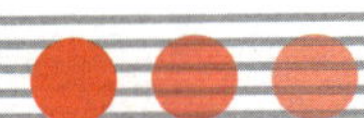

3연음에서의 4분음표 연습입니다. 템포 60부터 천천히 연습해 보세요.

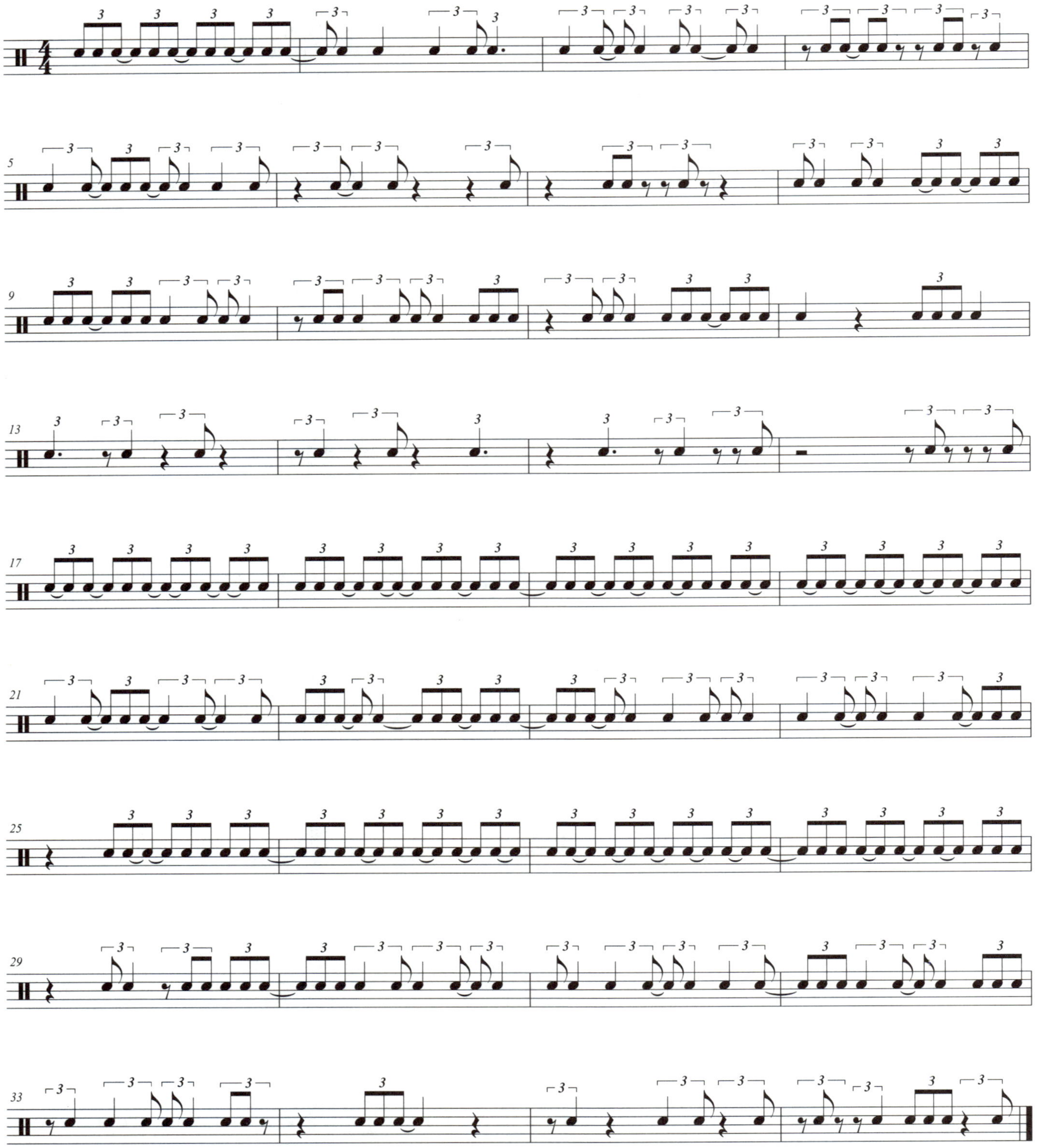

3연음에서의 4분음표

3연음 안에서 4분음표가 나올 경우 아래와 같이 2칸을 차지하게 됩니다.

2박 3연음

2박 3연음이란 **2박 안에 동일한 길이의 음이 3개 나온다는 뜻**입니다.

1) 3연음에서 8분음표가 2개씩 묶인 것 혹은 3연음에서의 4분음표가 연속적으로 나온 것과 길이가 같습니다.

4박 3연음

4박 3연음이란 위의 원리와 같이 4박 안에 동일한 길이의 음이 3개 나온다는 뜻입니다.

1) 2박 3연음에서 4분음표가 2개씩 묶인 것 혹은 3연음에서의 8분음표가 4개씩 묶인 것과 길이가 같습니다.

2박 3연음 연습 1

2박 3연음 연습입니다. 템포 60부터 천천히 연습해 보세요.

2박 3연음 연습 2

2박 3연음 연습입니다. 템포 60부터 천천히 연습해 보세요.

2박 3연음 연습 3

2박 3연음 연습입니다. 템포 60부터 천천히 연습해 보세요.

6연음과 카운팅

6연음은 1박에 6개의 음표를 넣어서 연주합니다. 카운팅은 처음 숫자와 4번째로 오는 음절을 'n',
나머지 음절을 't'로 표현합니다. 악보를 빨리 읽기 위해 'n'박자 앞에 음표 꼬리를 줄이기도 합니다. 단, 음표의
길이는 변하지 않습니다.

6연음 연습 1

6연음 연습입니다. 여러 음표와 번갈아가며 템포 60부터 천천히 연습해 보세요.

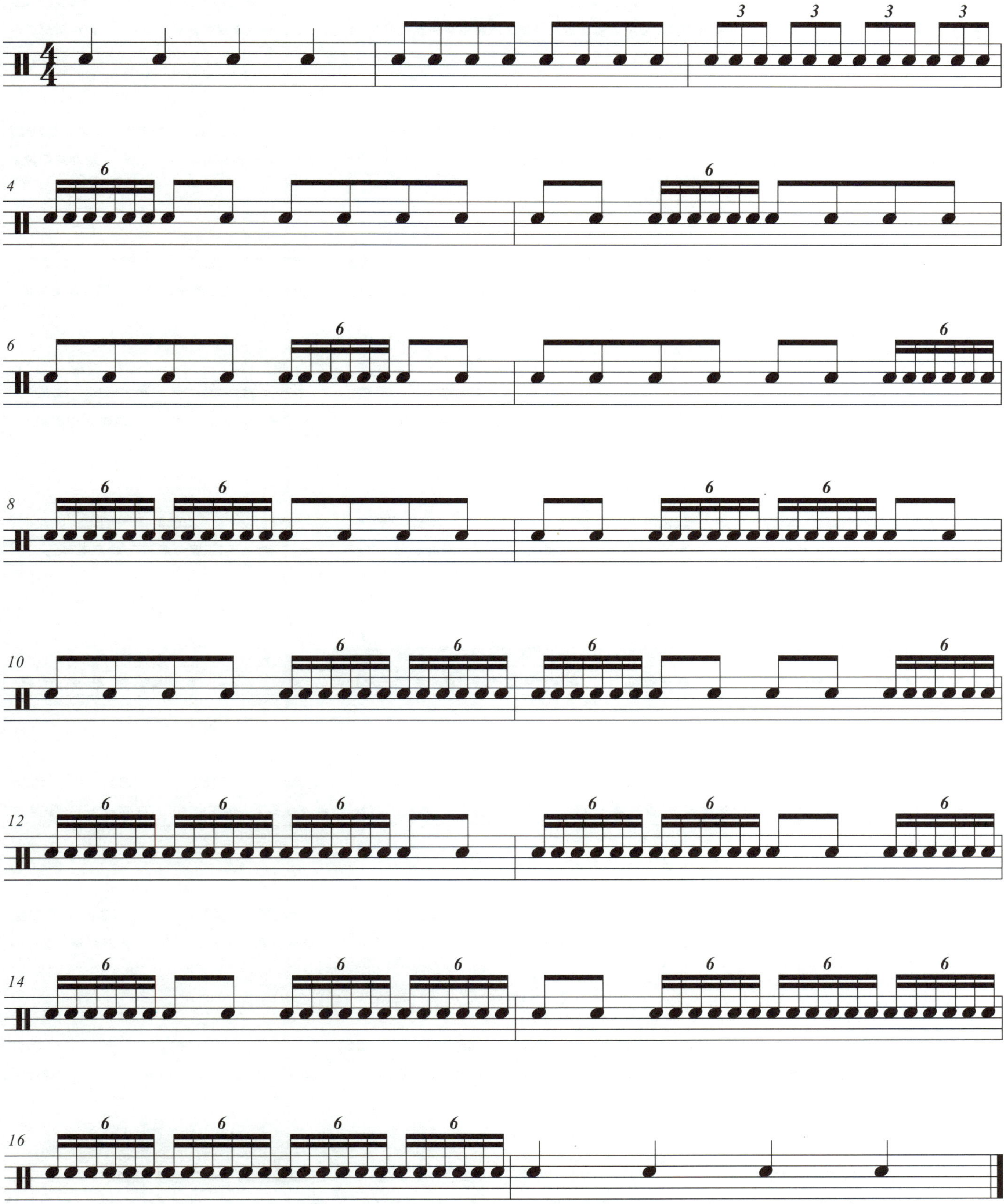

6연음 연습 2

6연음 연습입니다. 4분음표와 번갈아가며 템포 60부터 천천히 연습해 보세요.

6연음 연습 3

6연음 연습입니다. 여러 음표와 번갈아가며 템포 60부터 천천히 연습해 보세요.

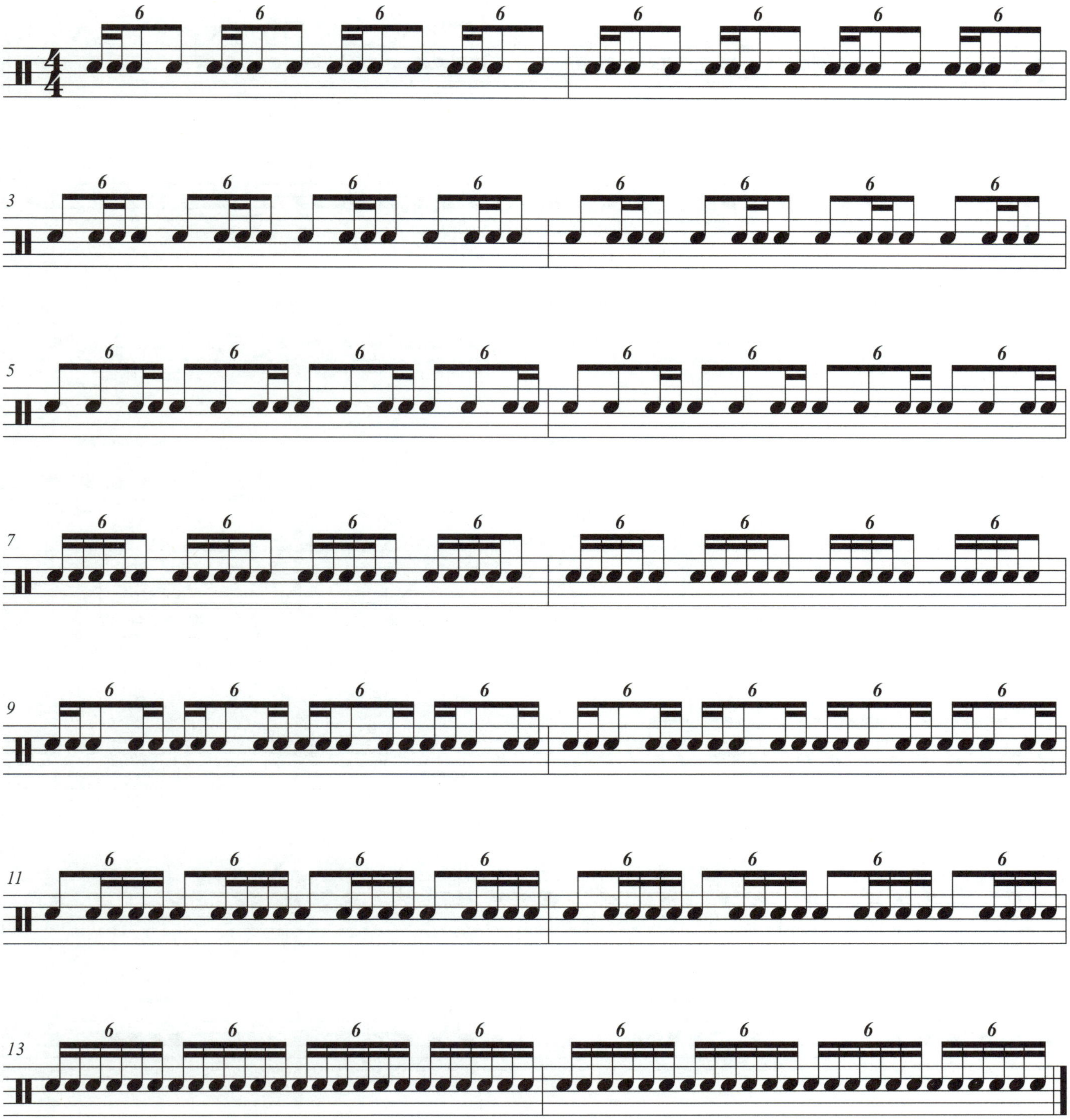

응용 연습 1

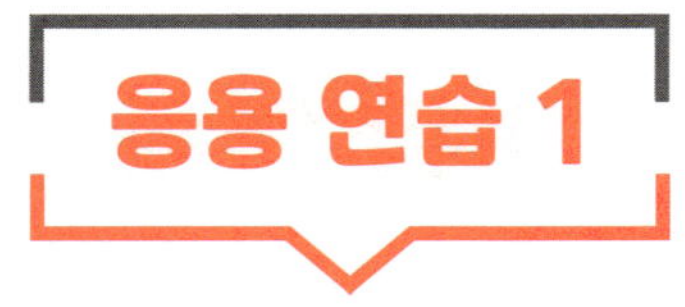

지금까지 배운 것들을 활용한 응용 연습입니다. 템포 60부터 천천히 연습해 보세요.

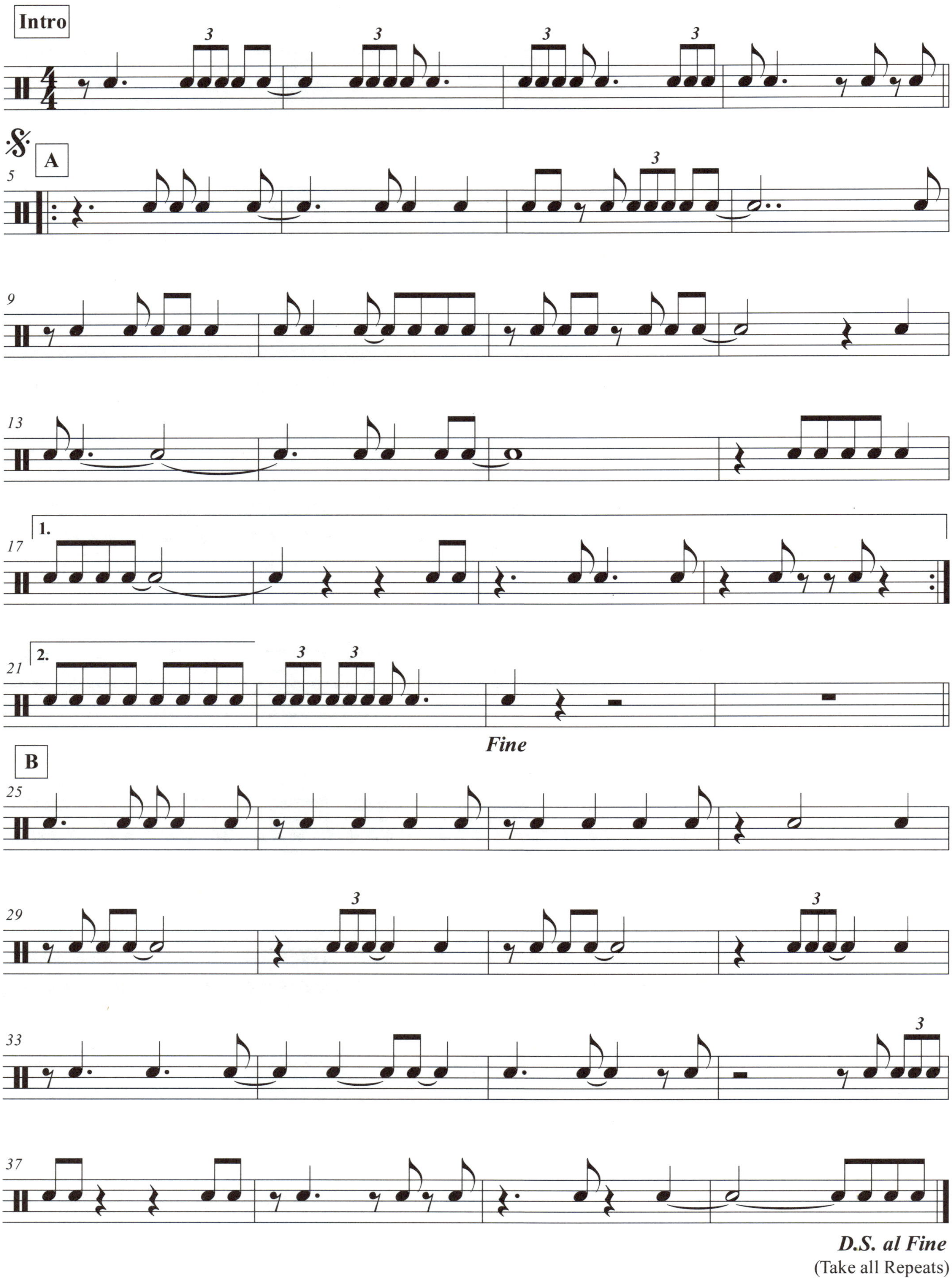

응용 연습 2

지금까지 배운 것들을 활용한 응용 연습입니다. 템포 60부터 천천히 연습해 보세요.

응용 연습 3

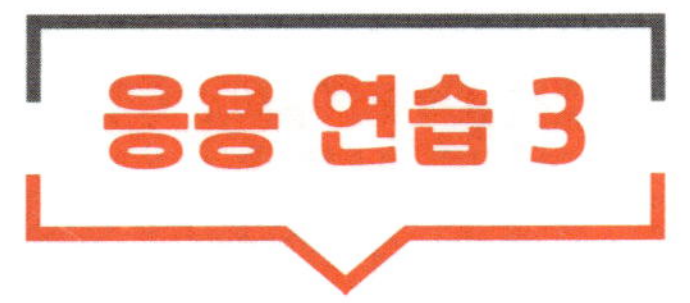

지금까지 배운 것들을 활용한 응용 연습입니다. 템포 60부터 천천히 연습해 보세요.

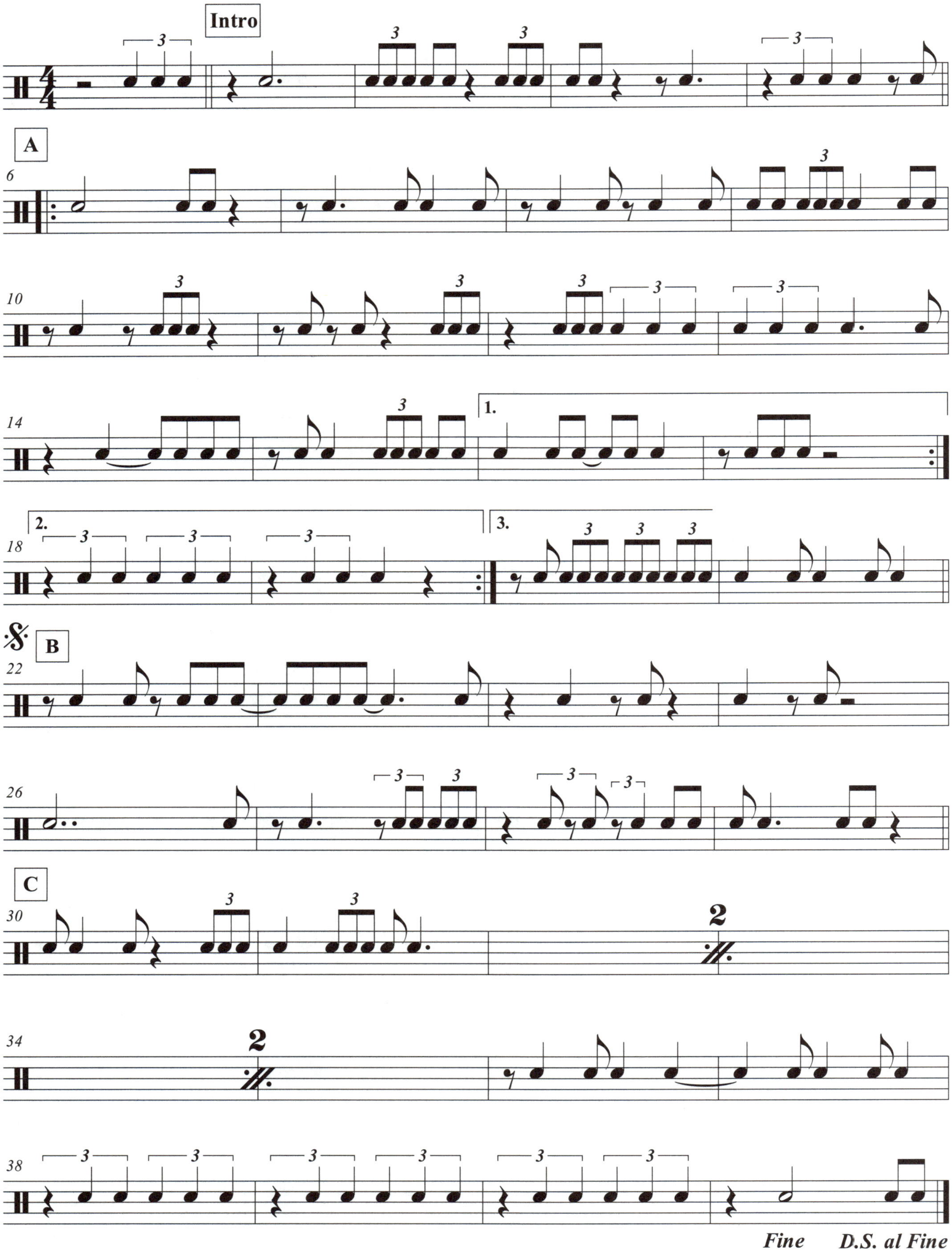

응용 연습 4

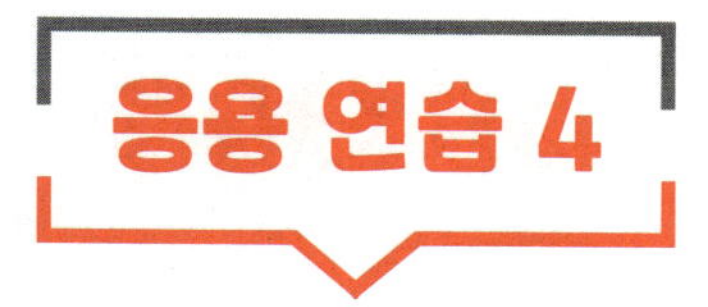

지금까지 배운 것들을 활용한 응용 연습입니다. 템포 60부터 천천히 연습해 보세요.

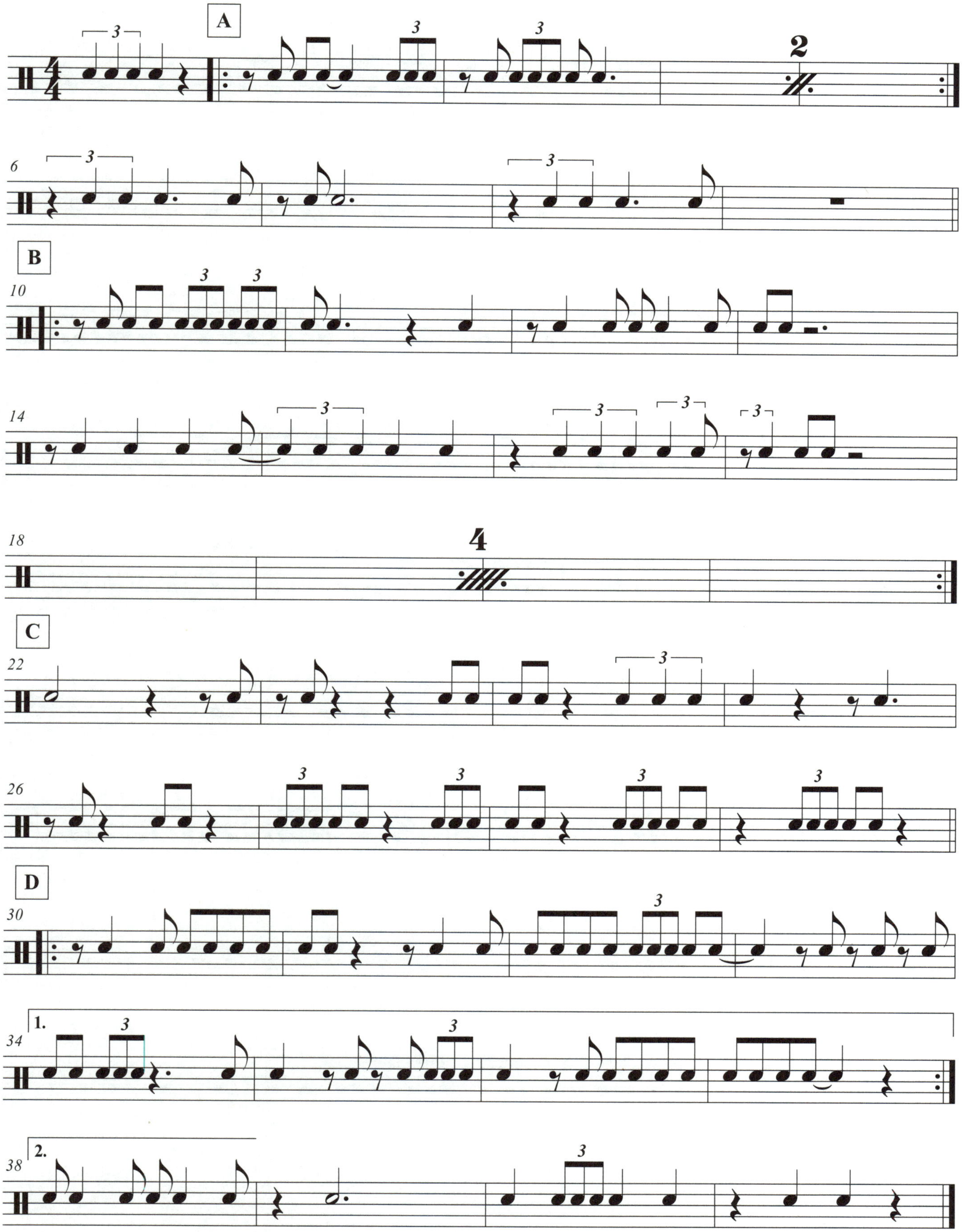

응용 연습 5

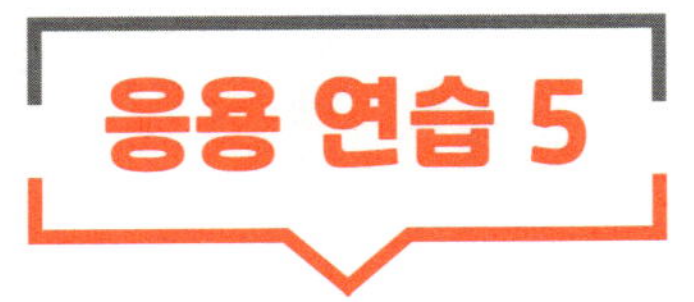

지금까지 배운 것들을 활용한 응용 연습입니다. 템포 60부터 천천히 연습해 보세요.

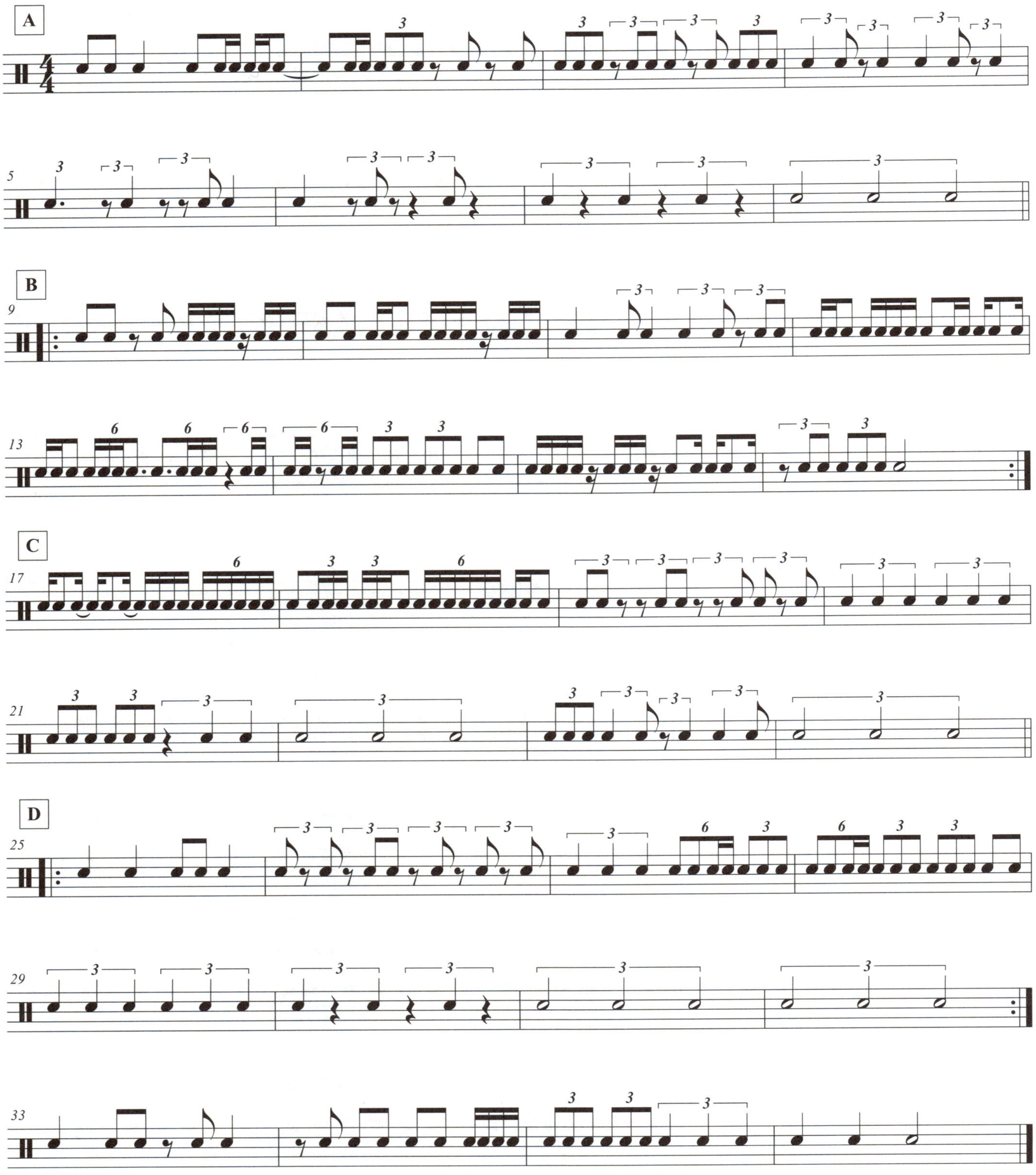

다양한 박자

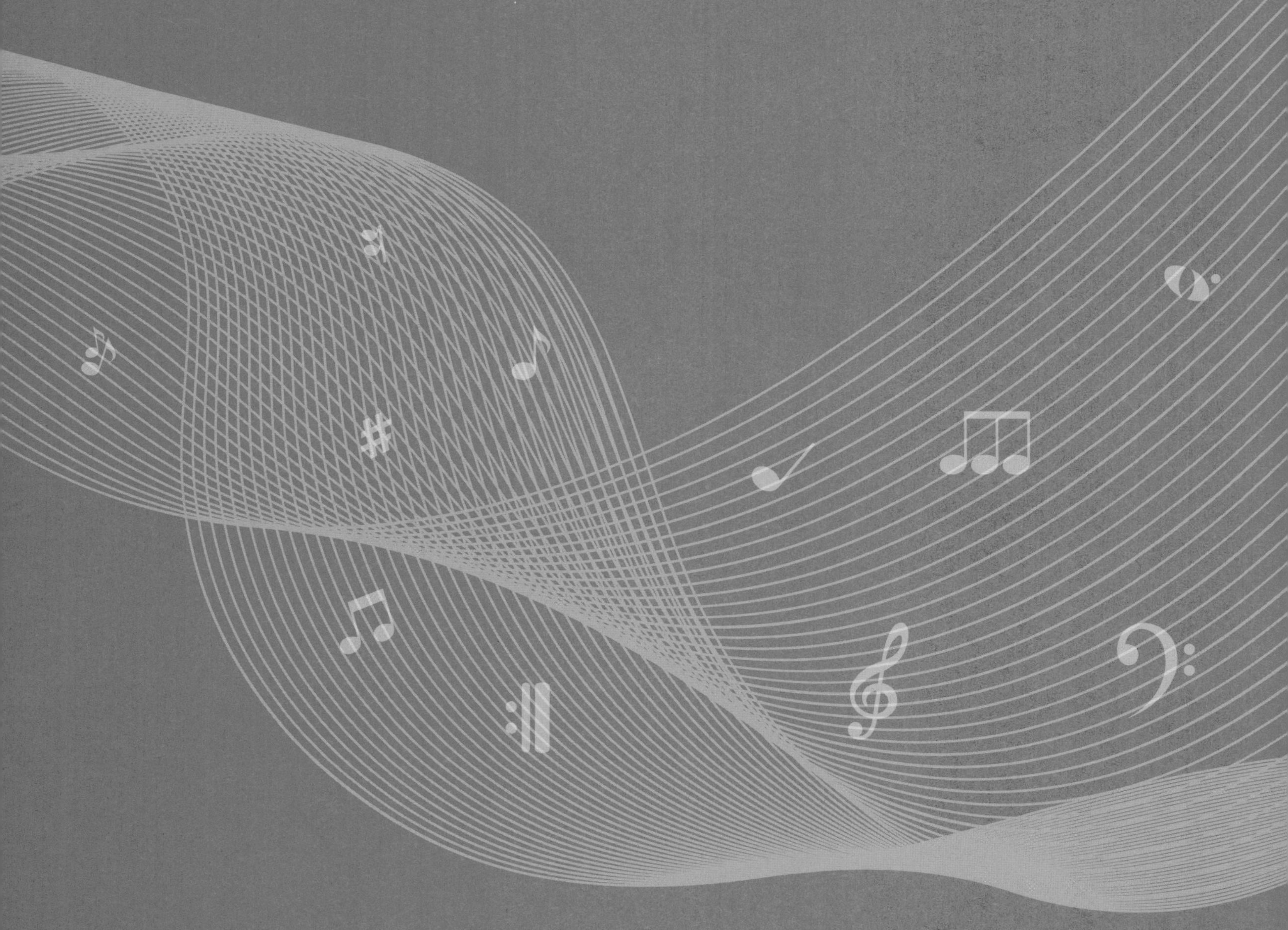

박자의 종류

박자는 분자에 있는 숫자에 따라 크게 3가지로 분류할 수 있습니다.

***단순박자:** 한 마디 안에 박자 수가 4박 이하인 경우를 단순박자로 분류합니다. 말 그대로 패턴이 단순하기 때문입니다.

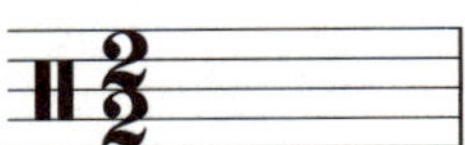 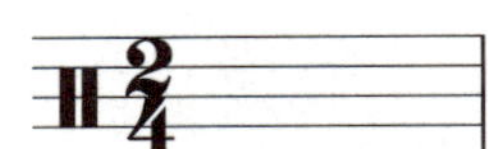  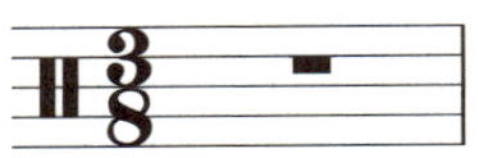 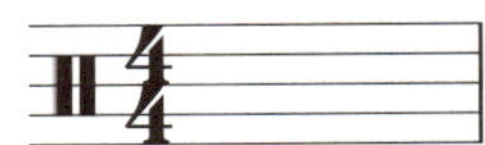

***복합박자:** 단순박자에서 한 박을 한 번 더 등분한 박자이며, 대부분 1박을 3등분으로 나누는 경우가 많습니다.

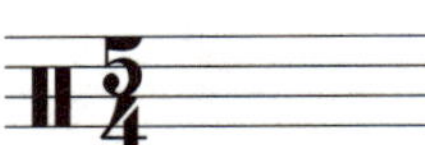 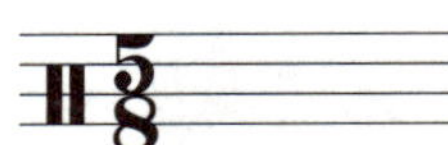 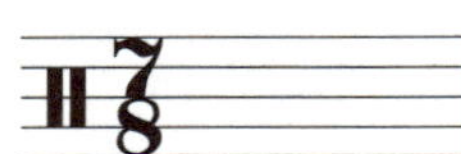

***혼합박자:** 서로 다른 박자가 섞여 한 마디를 이루는 박자이며, 각 마디마다 다른 박자를 가진 경우도 존재합니다.

 예시

$$\frac{2}{4} + \frac{3}{4} \qquad \frac{2}{8} + \frac{3}{8} \qquad \frac{4}{8} + \frac{3}{8} \qquad \frac{4}{4} + \frac{3}{4} \qquad \frac{4}{4} + \frac{7}{4}$$

단순박자 – 4분의 3박자 연습 1

4분의 3박자란 **한 마디에 4분음표가 3개 있다는 것**을 의미합니다. 카운팅 할 때는 8분음표처럼 '1–n–2–n'으로 읽습니다. 4분음표와 8분음표를 이용해 아래와 같이 연습해 보세요.

단순박자 – 4분의 3박자 연습 2

4분의 3박자 연습입니다. 온음표와 4분음표를 활용해 템포 60부터 천천히 연습해 보세요.

단순박자 – 4분의 3박자 연습 3

4분의 3박자 연습입니다. 16분음표를 활용해 템포 60부터 천천히 연습해 보세요.

4분의 3박자 응용 연습입니다. 템포 60부터 천천히 연습해 보세요.

응용 연습 2

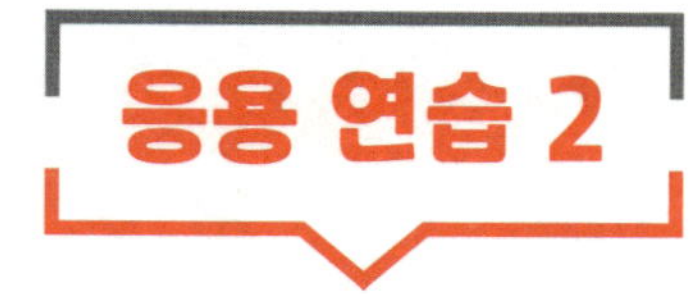

4분의 3박자 응용 연습입니다. 템포 60부터 천천히 연습해 보세요.

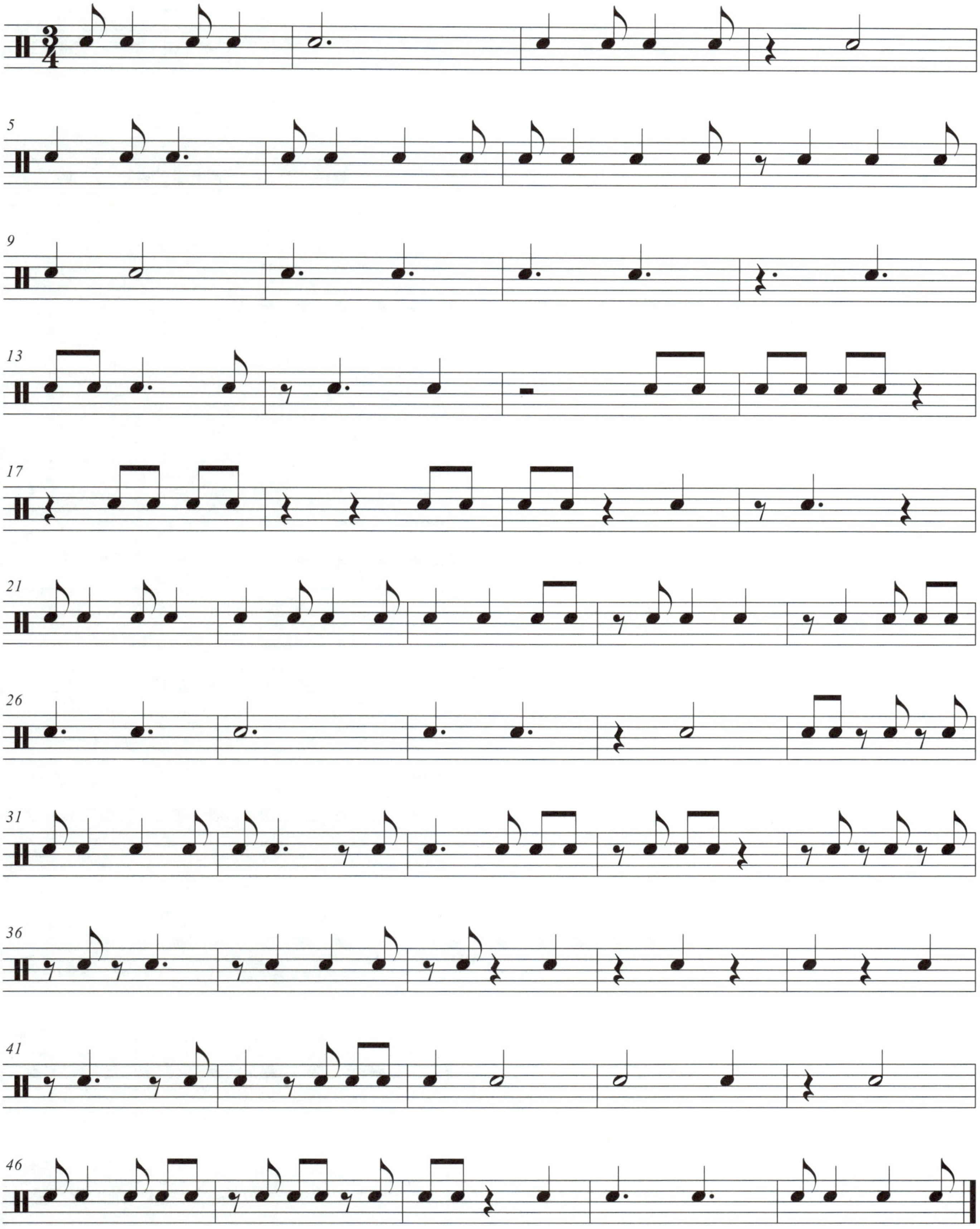

응용 연습 3

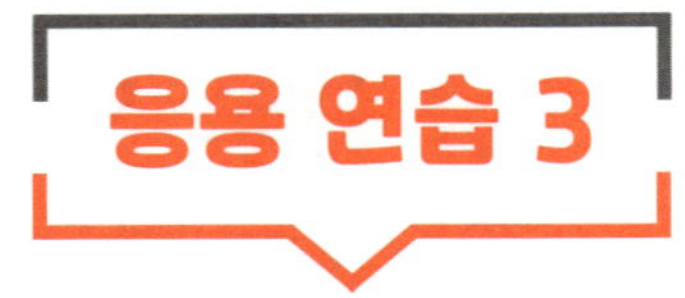

4분의 3박자 응용 연습입니다. 템포 60부터 천천히 연습해 보세요.

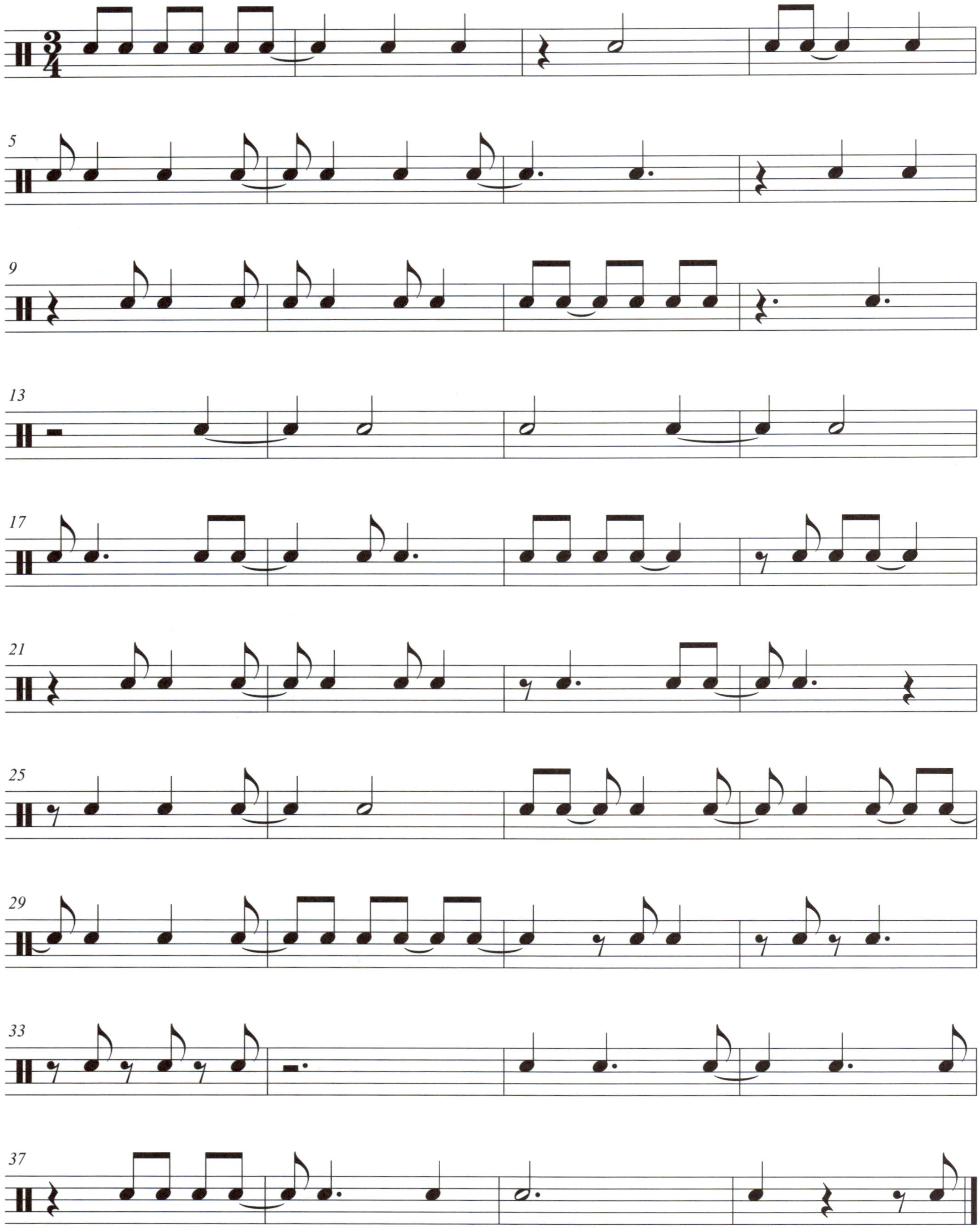

응용 연습 4

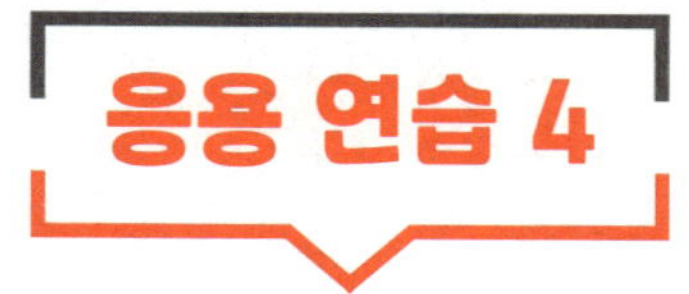

4분의 3박자 응용 연습입니다. 템포 60부터 천천히 연습해 보세요.

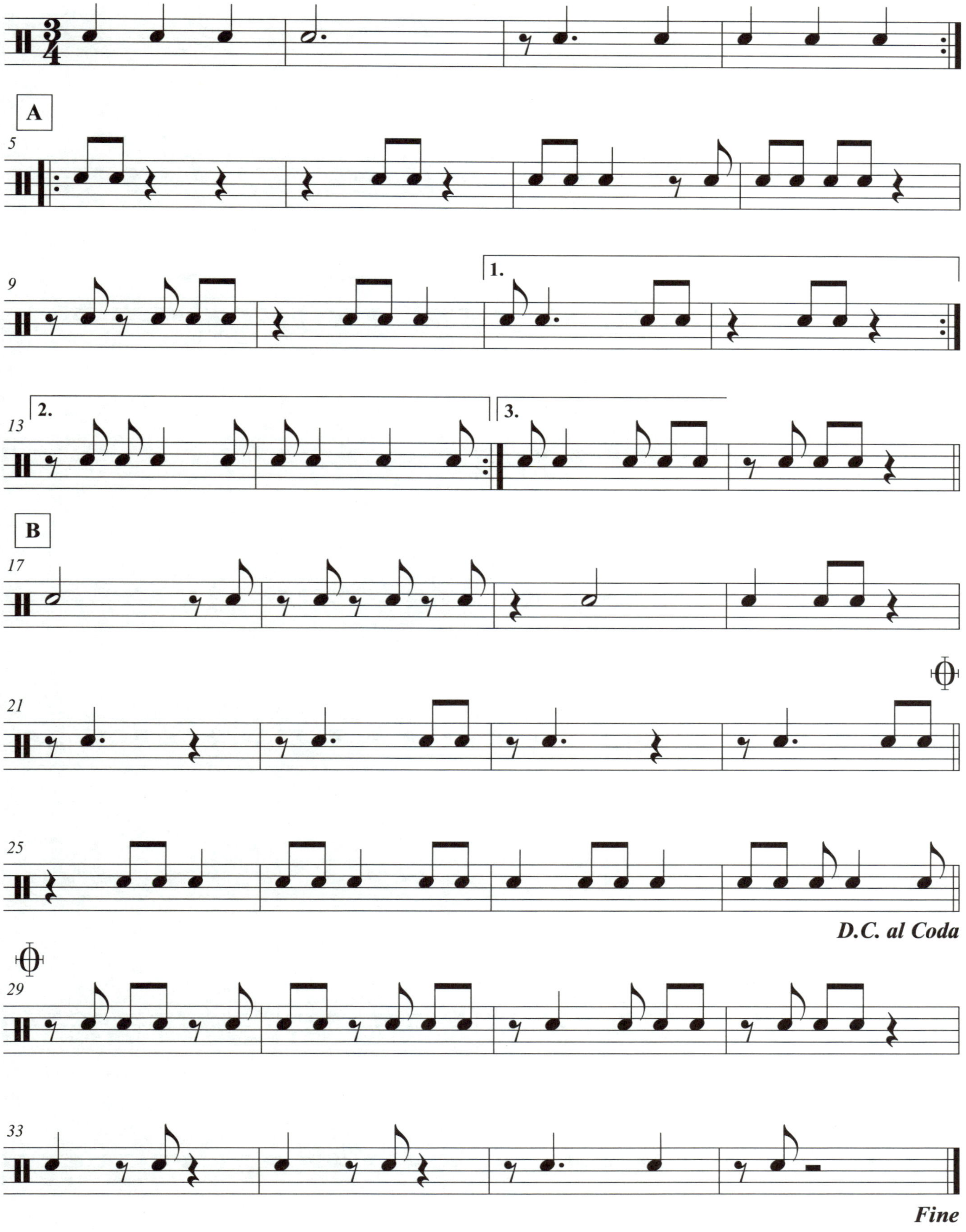

응용 연습 5

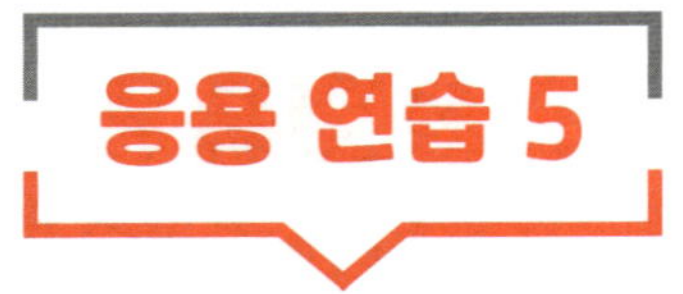

4분의 3박자 응용 연습입니다. 템포 60부터 천천히 연습해 보세요.

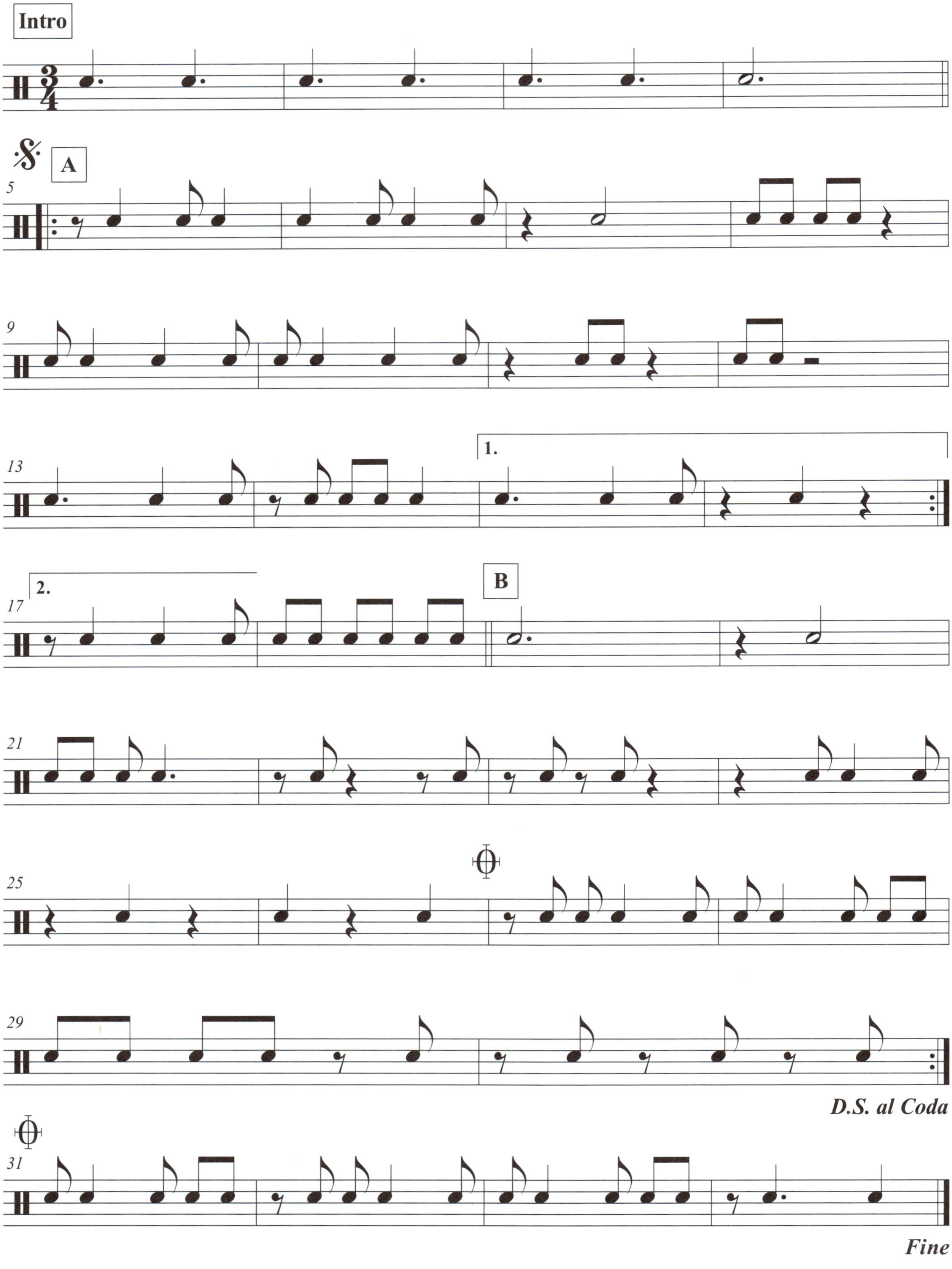

응용 연습 6

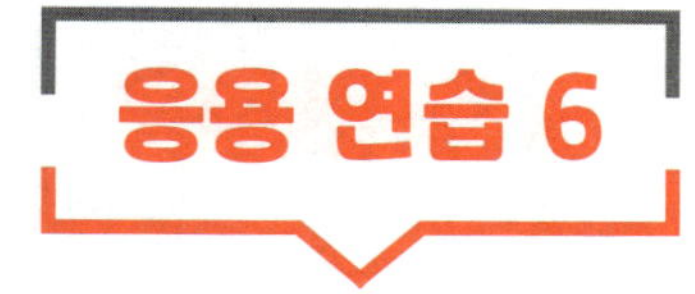

4분의 3박자 응용 연습입니다. 템포 60부터 천천히 연습해 보세요.

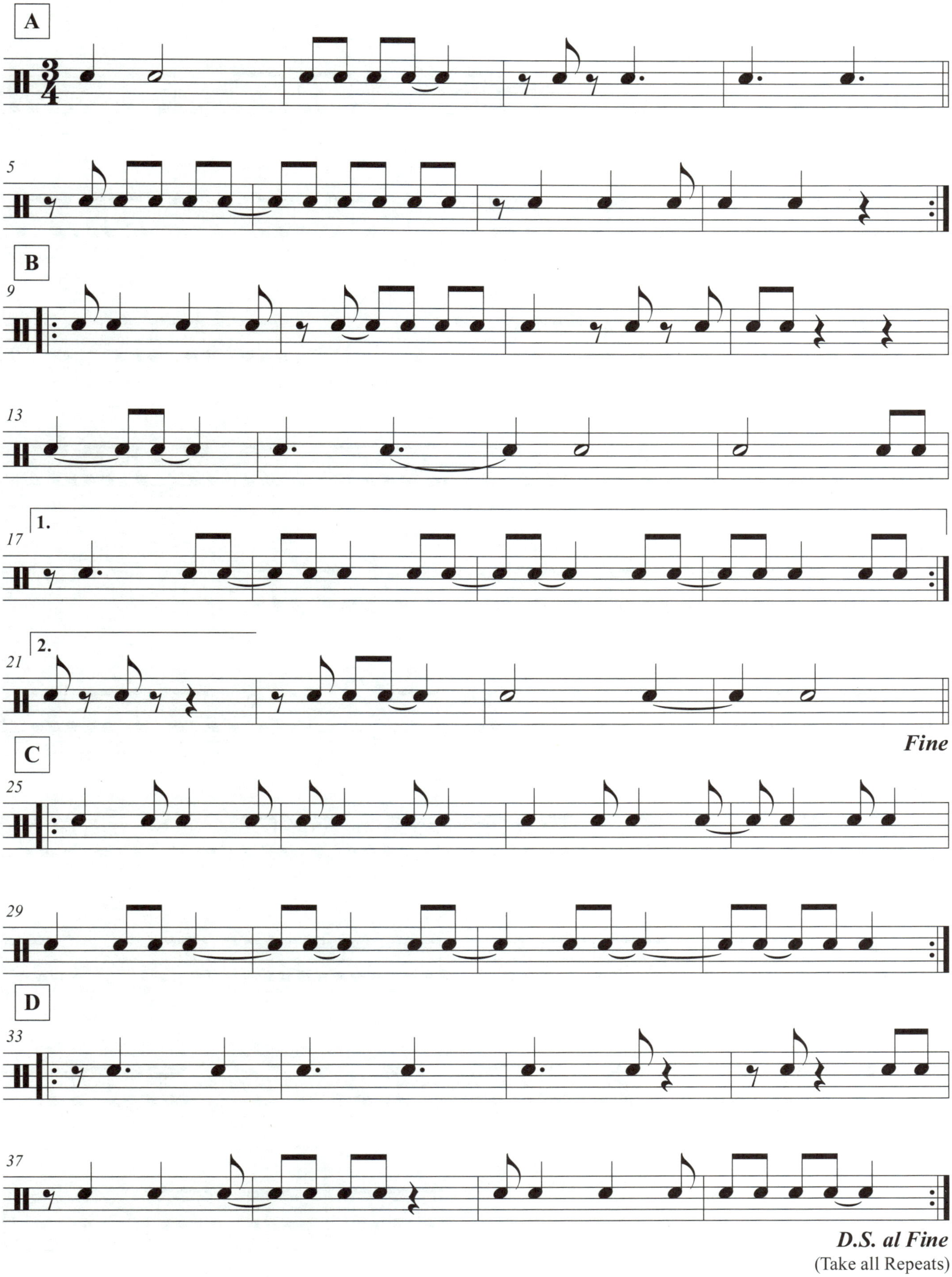

응용 연습 7

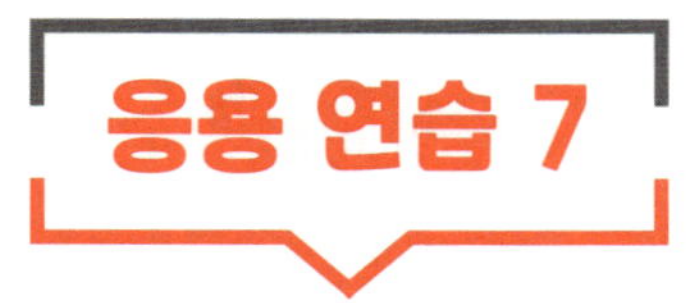

4분의 3박자 응용 연습입니다. 템포 60부터 천천히 연습해 보세요.

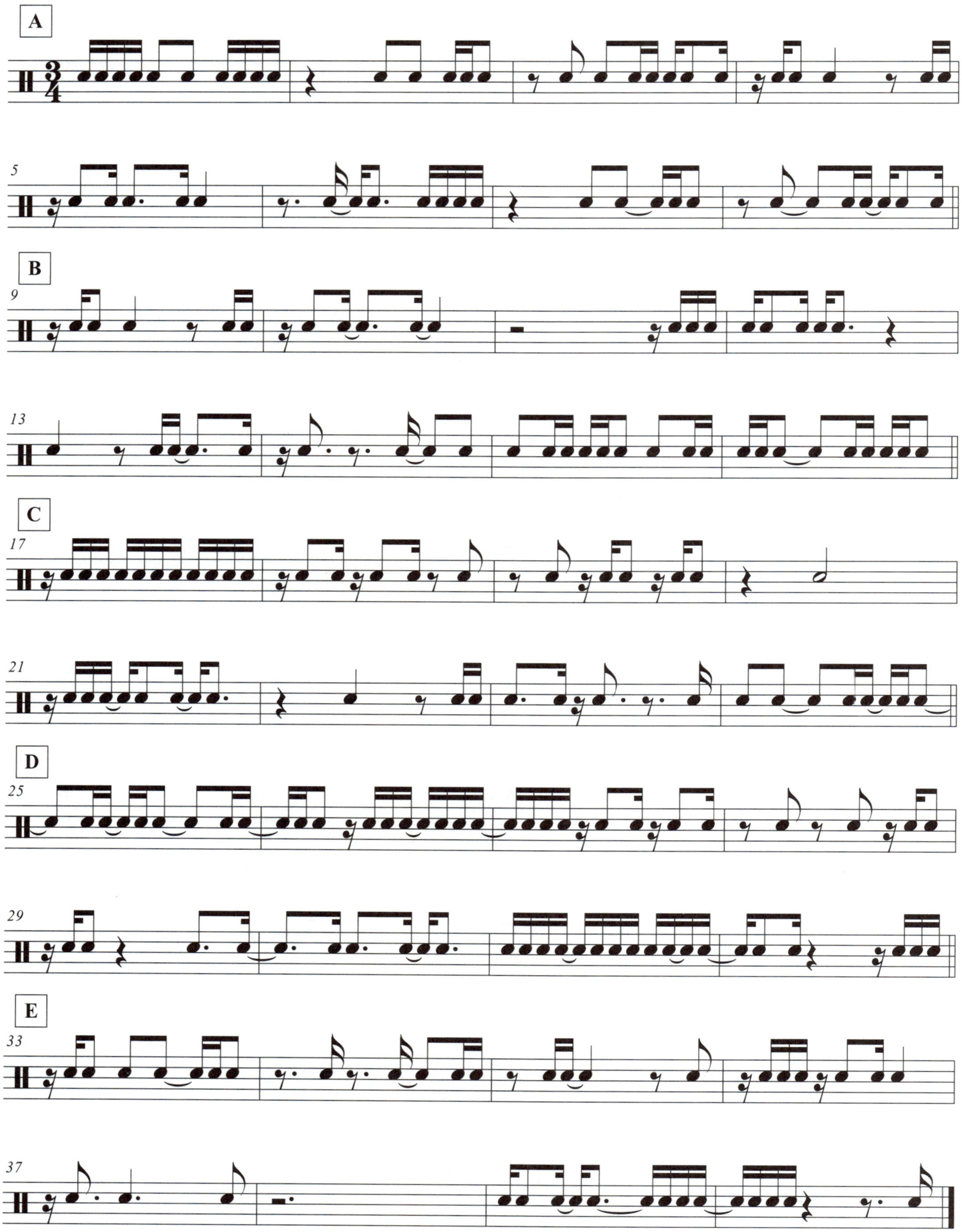

응용 연습 8

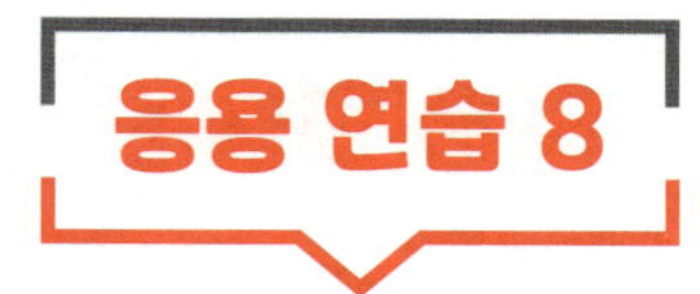

4분의 3박자 응용 연습입니다. 템포 60부터 천천히 연습해 보세요.

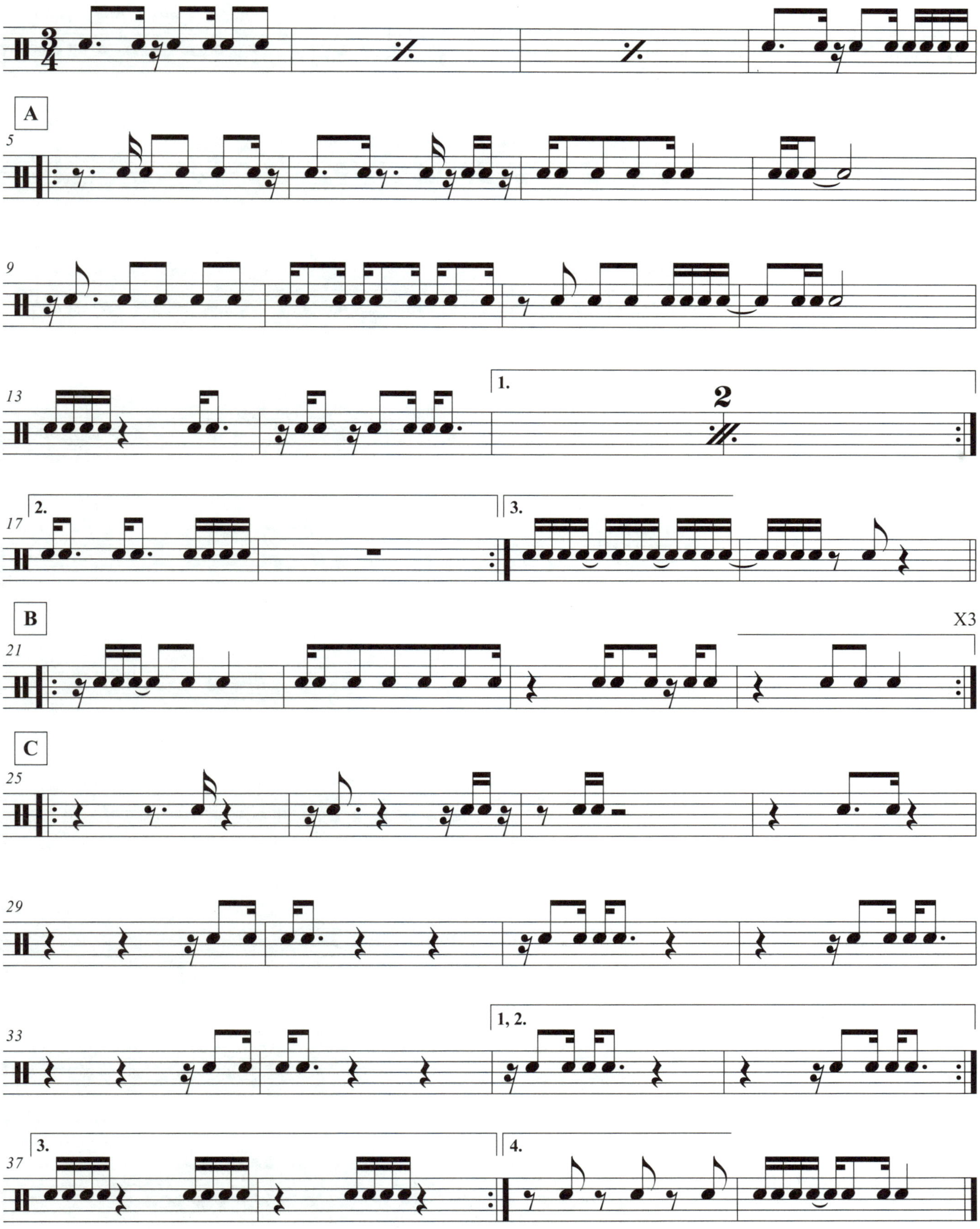

4분의 3박자 응용 연습입니다. 템포 60부터 천천히 연습해 보세요.

116

복합박자($\frac{6}{8}$, $\frac{9}{8}$박자 등)

8분의 6박자란 **한 마디 안에 8분음표가 6개 들어있는 것**을 의미합니다.

카운팅 할 때는 3연음처럼 '1–T–T–2–T–T'로 읽습니다.

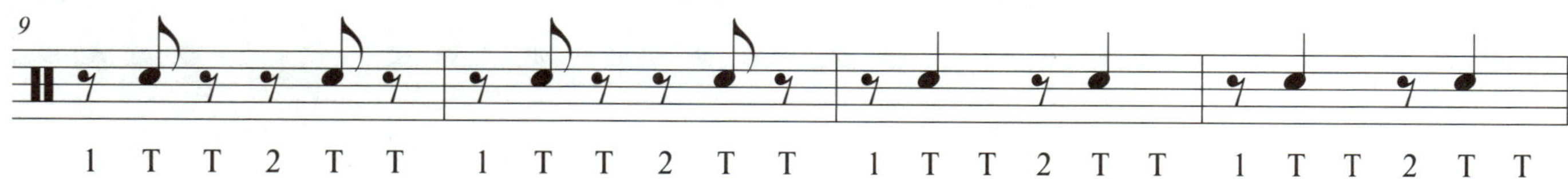

응용 연습

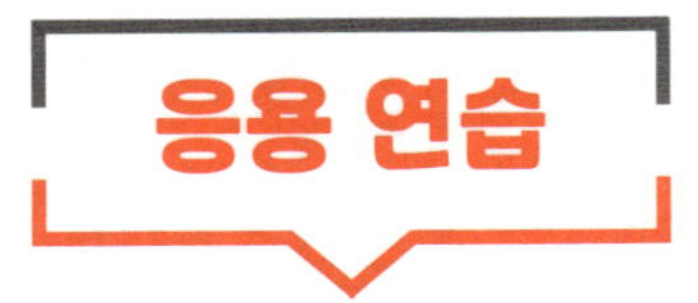

8분의 6박자 응용 연습입니다. 8분음표를 활용해 템포 60부터 천천히 연습해 봅니다.

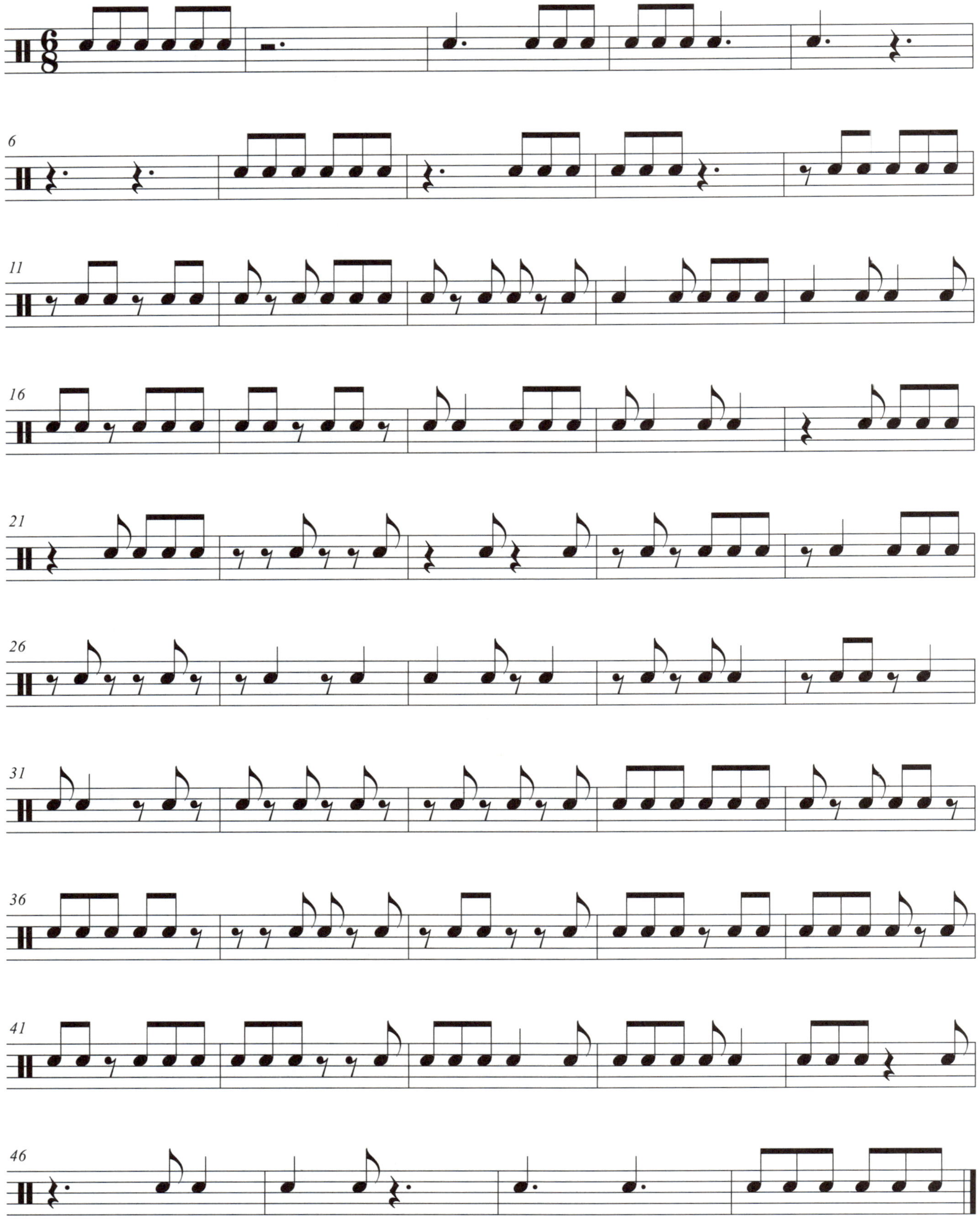

8분의 6박자 - 16분음표

8분의 6박자 안에서 16분음표는 6연음과 비슷한 모양을 가지고 있습니다.

8분의 6박자에서의 16분쉼표 연습 1

8분의 6박자에서의 16분쉼표 연습입니다. 템포 60부터 천천히 연습해 보세요.

23
1 T T n T T 2 T T n T T   1 T T n T T 2 T T n T T   1 T T n T T 2 T T n T T   1 T T n T T 2 T T n T T

27
1 T T n T T 2 T T n T T   1 T T n T T 2 T T n T T   1 T T n T T 2 T T n T T   1 T T n T T 2 T T n T T

31
1 T T n T T 2 T T n T T   1 T T n T T 2 T T n T T   1 T T n T T 2 T T n T T   1 T T n T T 2 T T n T T

35
1 T T n T T 2 T T n T T   1 T T n T T 2 T T n T T   1 T T n T T 2 T T n T T   1 T T n T T 2 T T n T T

39
1 T T n T T 2 T T n T T   1 T T n T T 2 T T n T T   1 T T n T T 2 T T n T T   1 T T n T T 2 T T n T T

8분의 6박자에서의 16분쉼표 연습 2

8분의 6박자에서의 16분쉼표 연습입니다. 템포 60부터 천천히 연습해 보세요.

8분의 6박자에서의 16분쉼표 연습 3

8분의 6박자에서의 16분쉼표와 점16분쉼표 연습입니다. 템포 60부터 천천히 연습해 보세요.

응용 연습 1

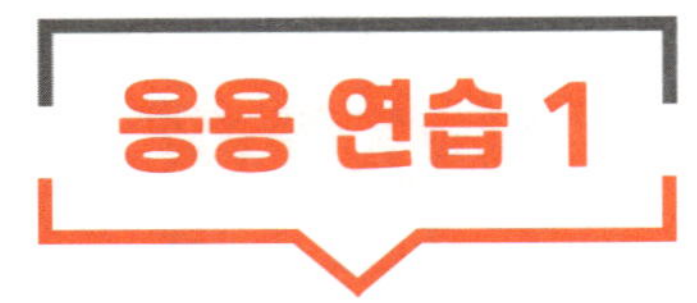

8분의 6박자 응용 연습입니다 템포 60부터 천천히 연습해 보세요.

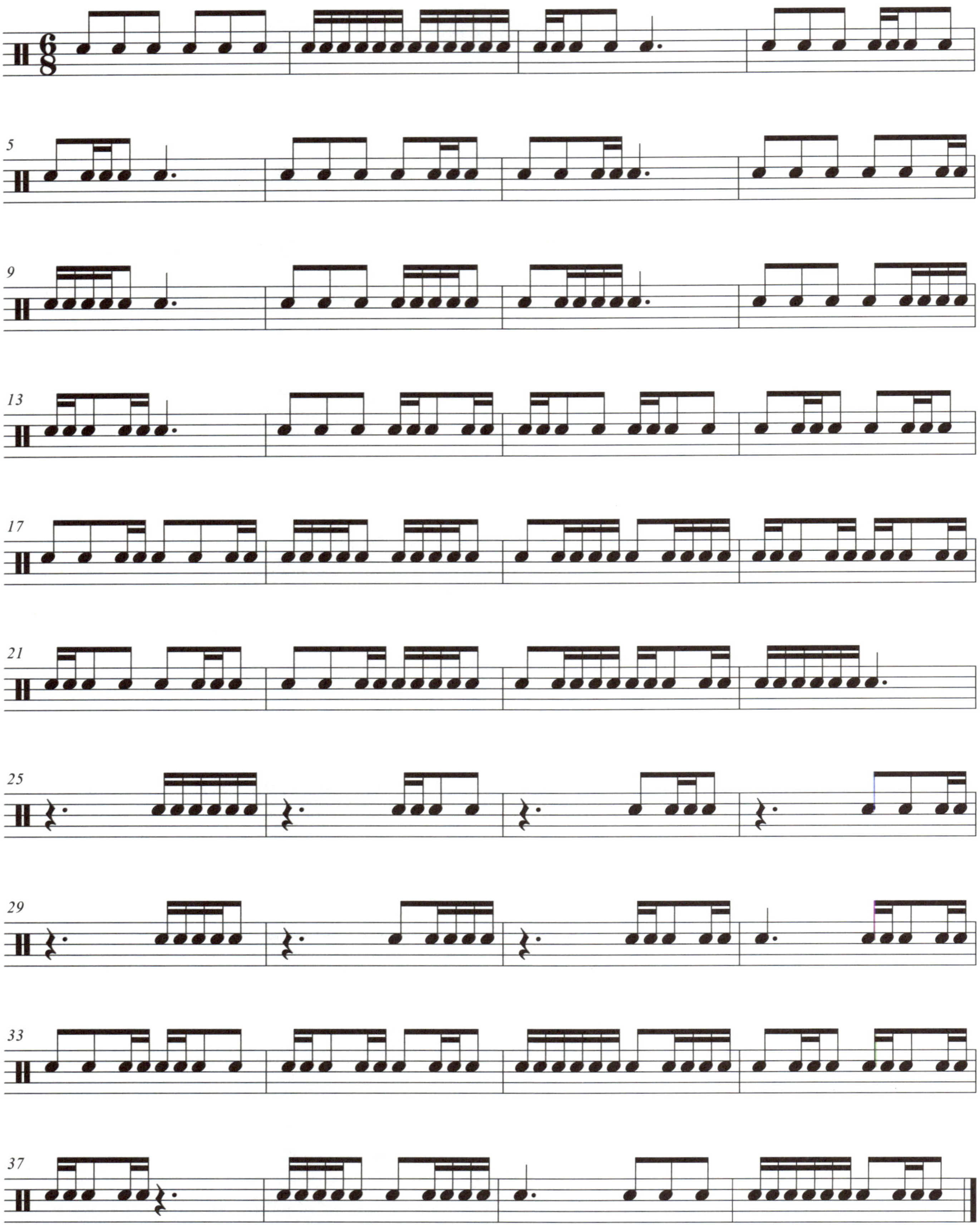

응용 연습 2

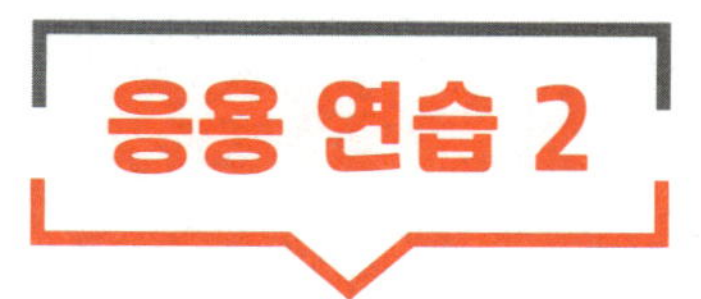

8분의 6박자 응용 연습입니다 템포 60부터 천천히 연습해 보세요.

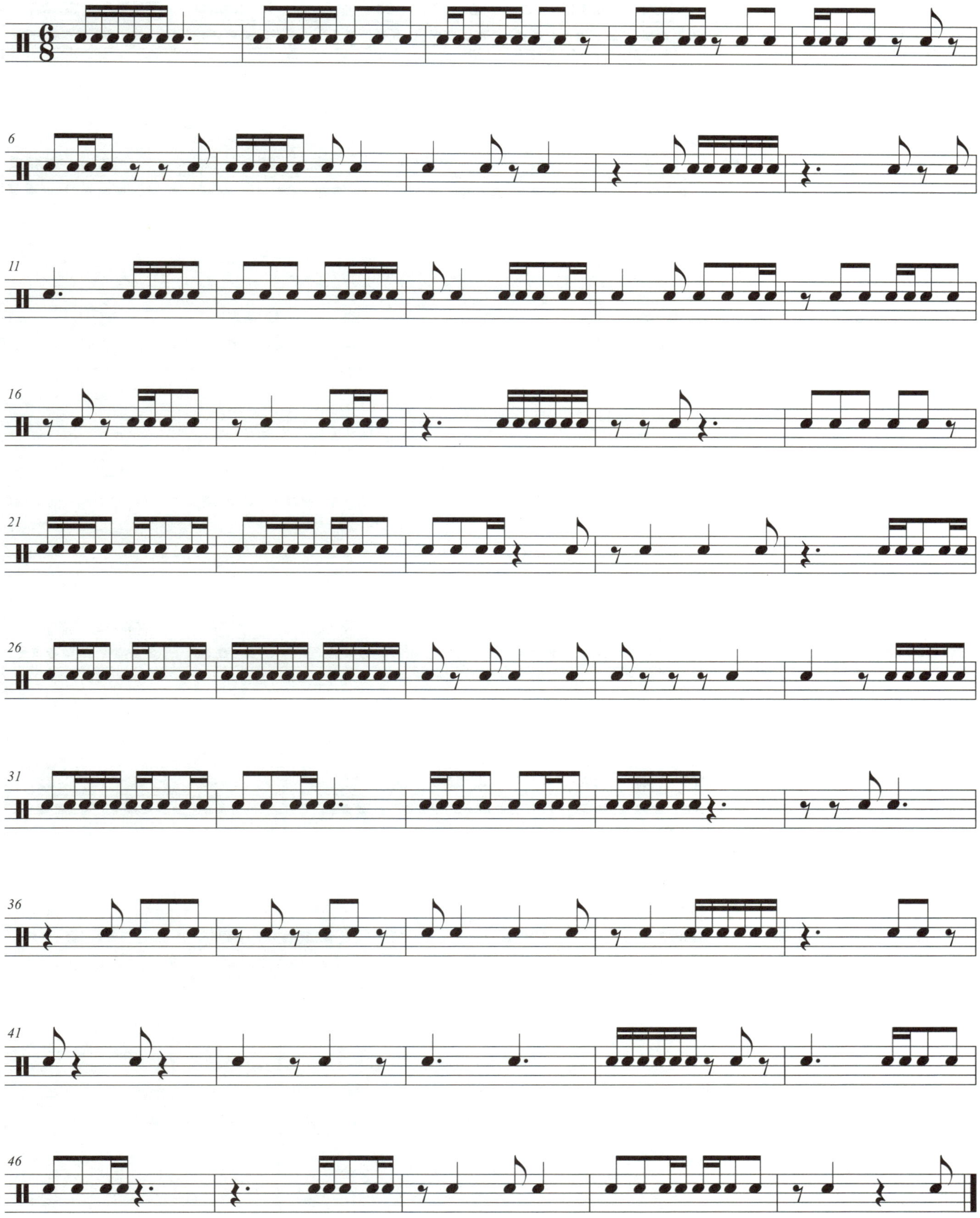

응용 연습 3

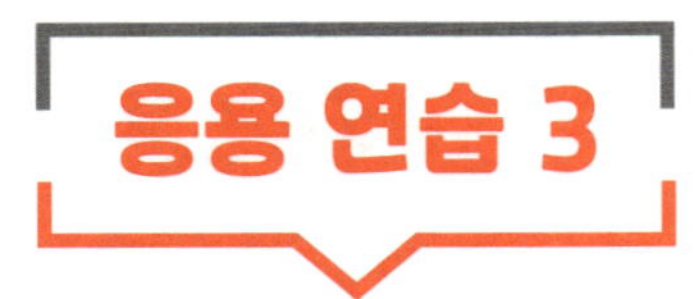

8분의 6박자 응용 연습입니다 템포 60부터 천천히 연습해 보세요.

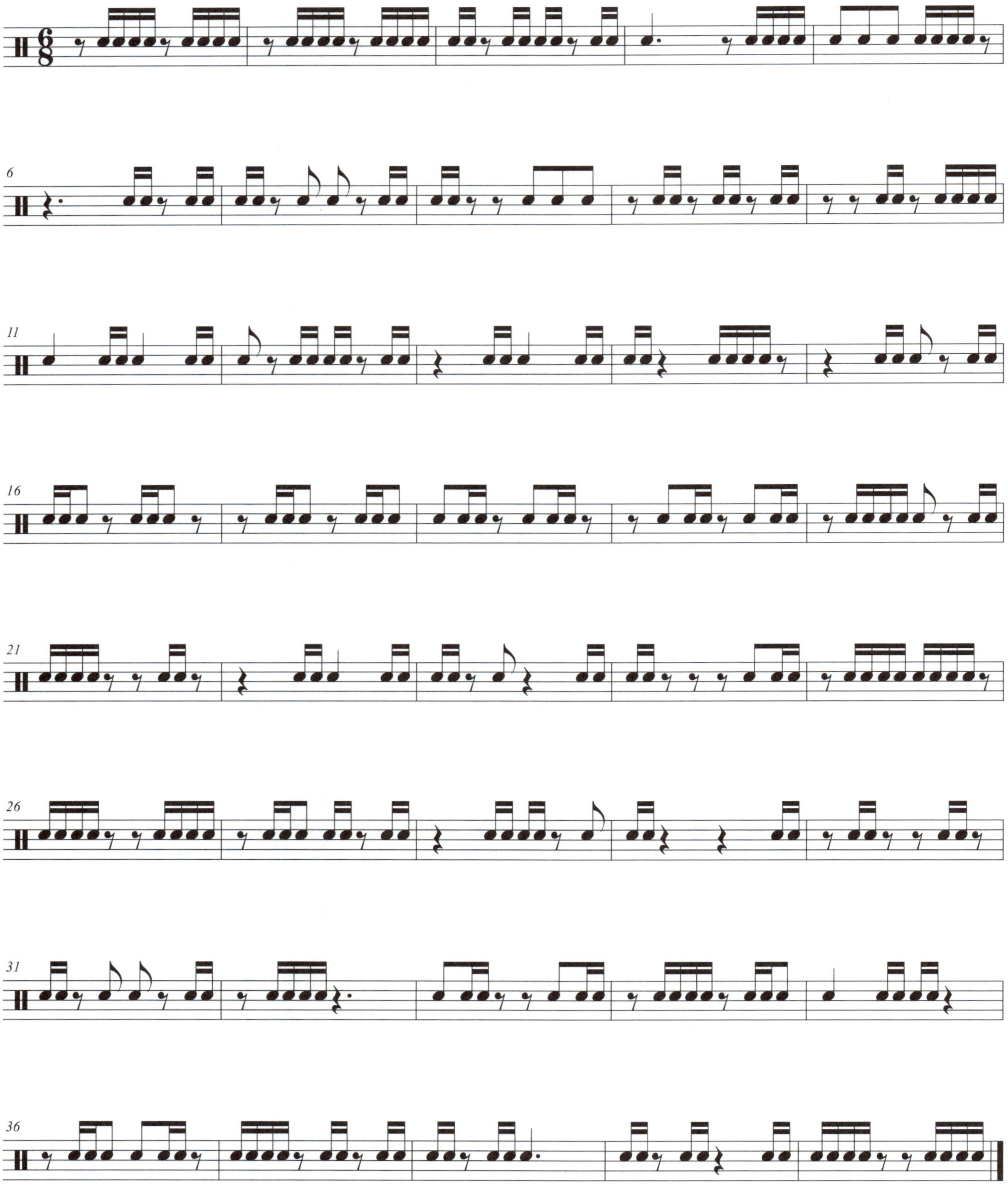

응용 연습 4

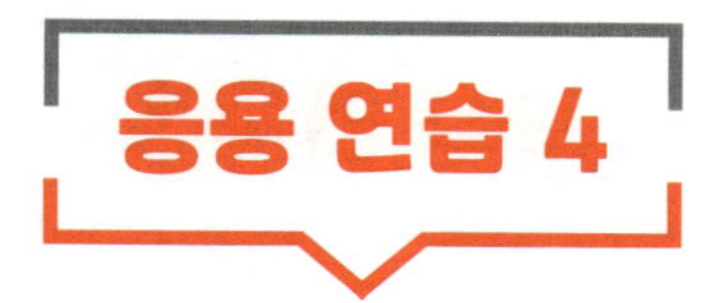

8분의 6박자 응용 연습입니다 템포 60부터 천천히 연습해 보세요.

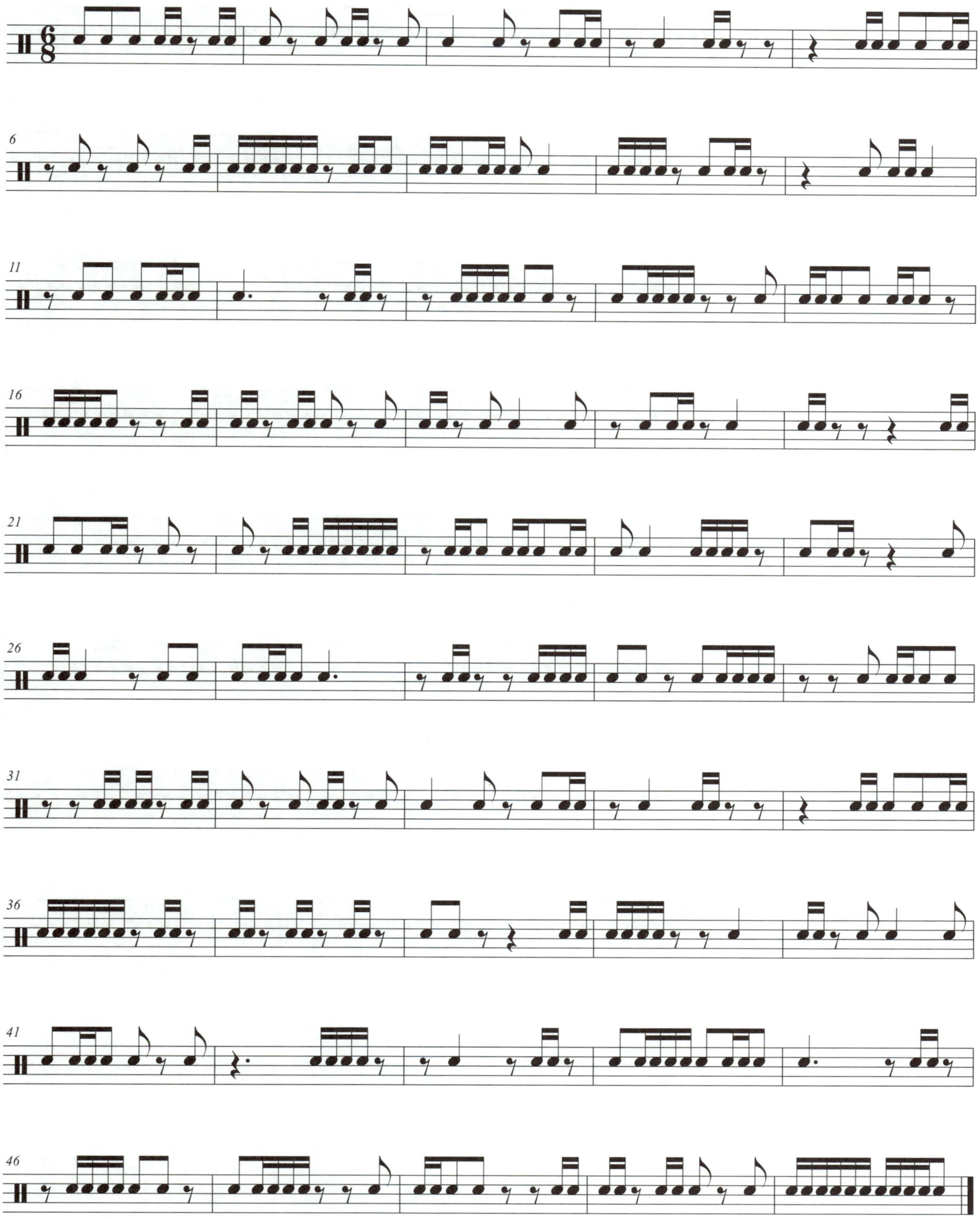

응용 연습 5

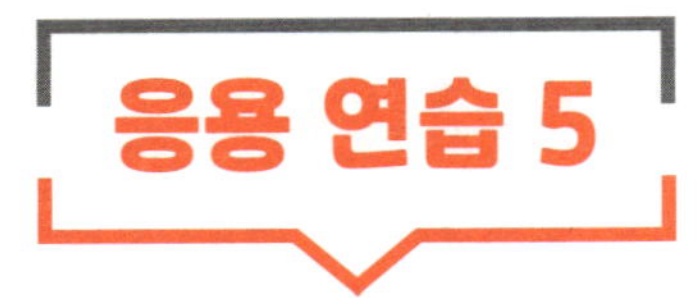

8분의 6박자 응용 연습입니다 템포 60부터 천천히 연습해 보세요.

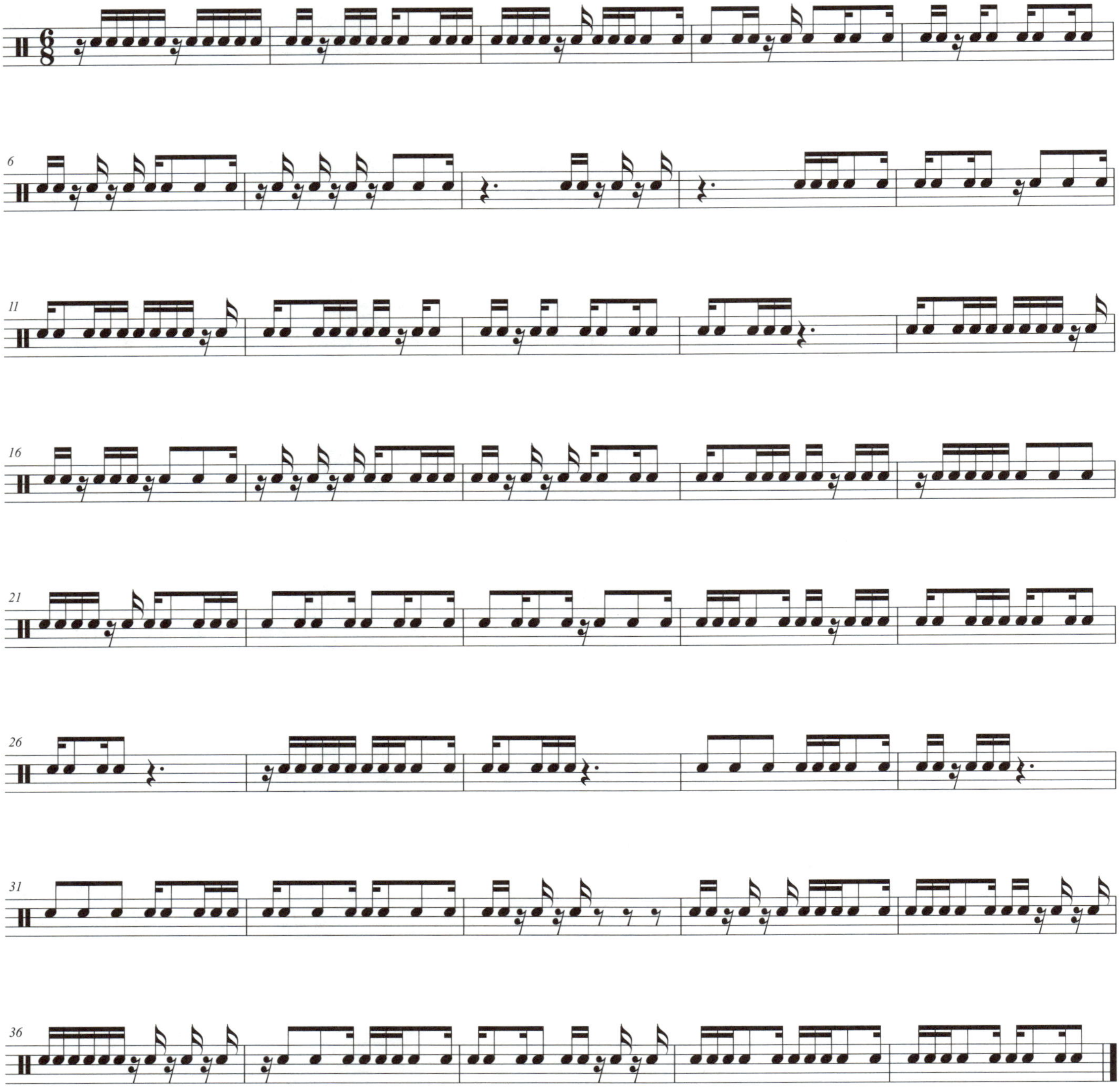

응용 연습 6

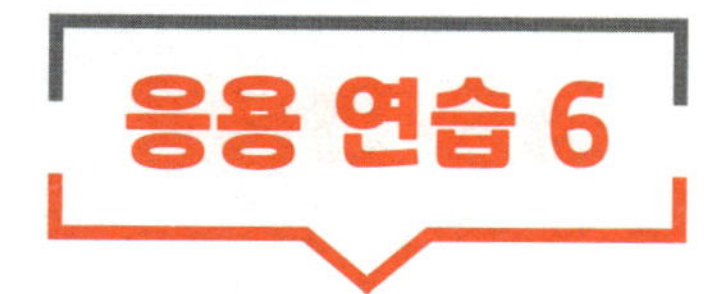

8분의 6박자 응용 연습입니다 템포 60부터 천천히 연습해 보세요.

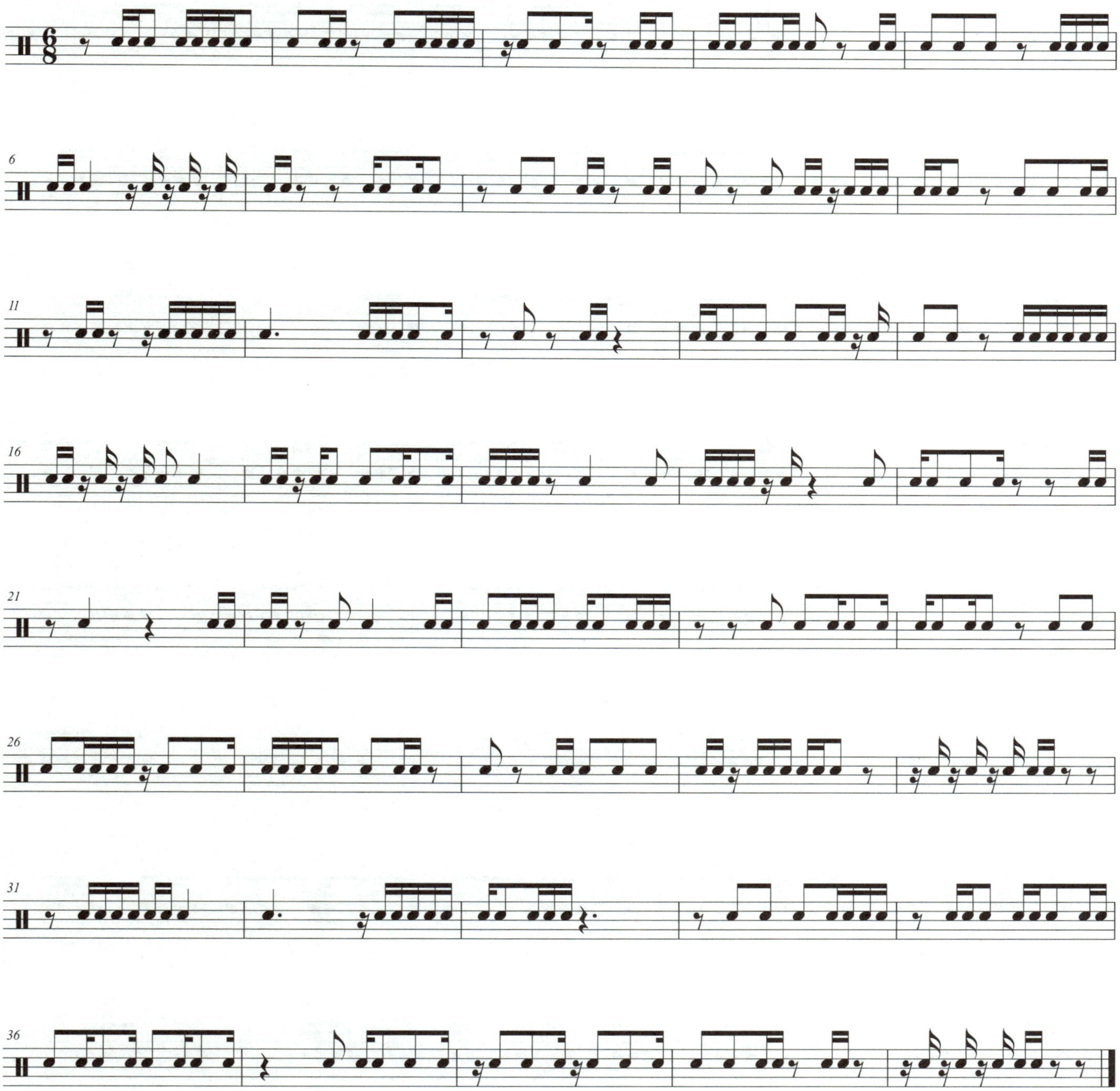

응용 연습 7

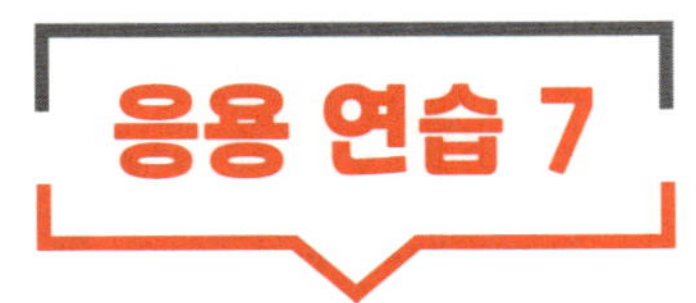

8분의 6박자 응용 연습입니다 템포 60부터 천천히 연습해 보세요.

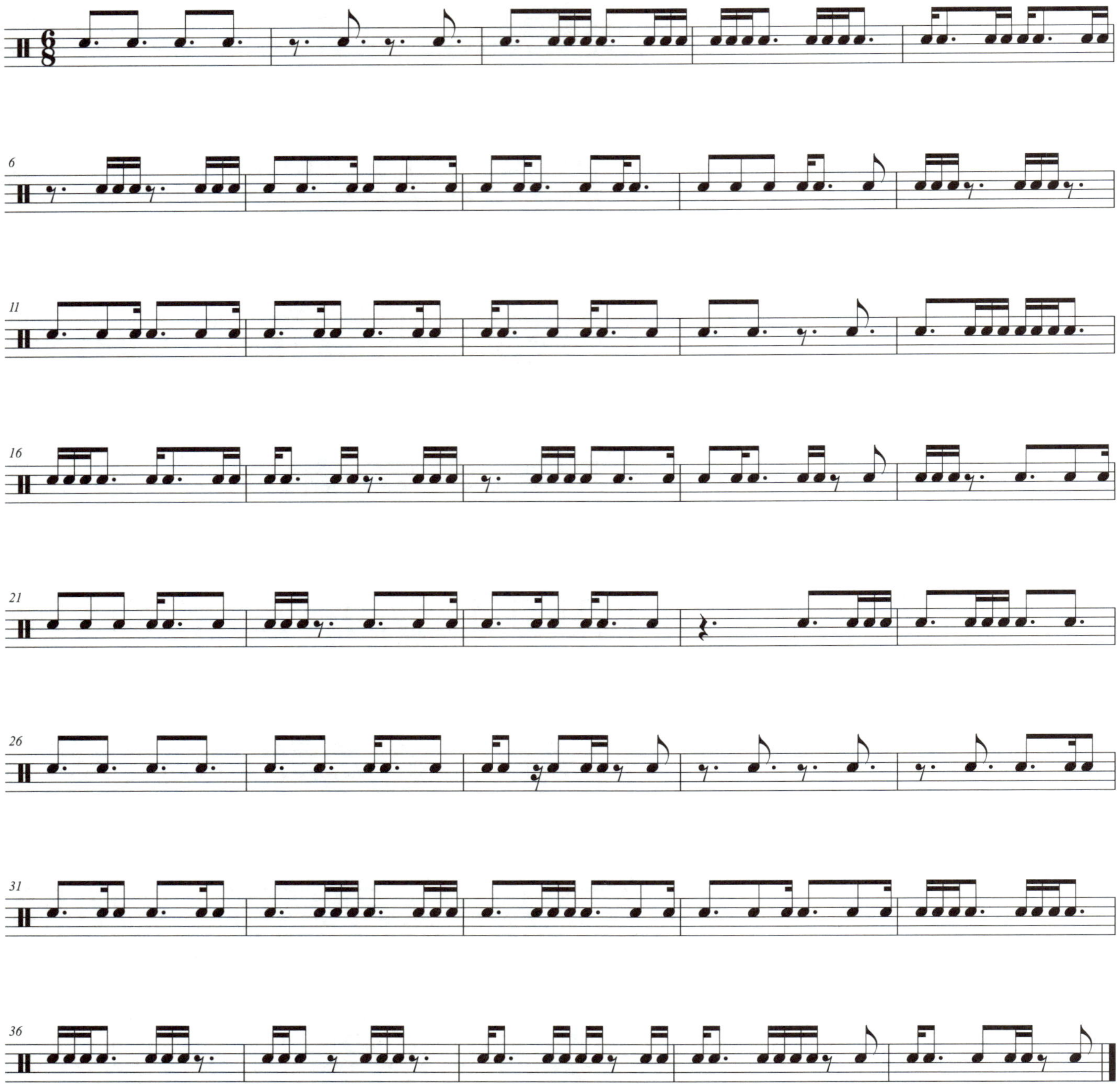

응용 연습 8

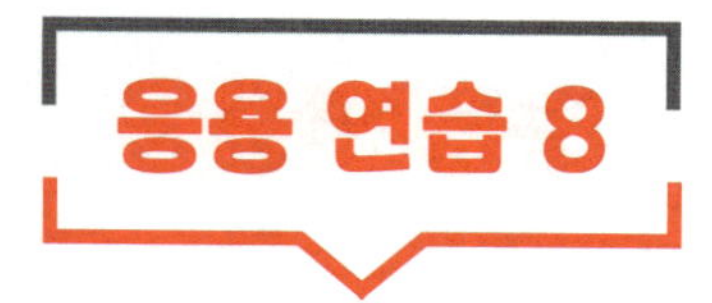

8분의 6박자 응용 연습입니다 템포 60부터 천천히 연습해 보세요.

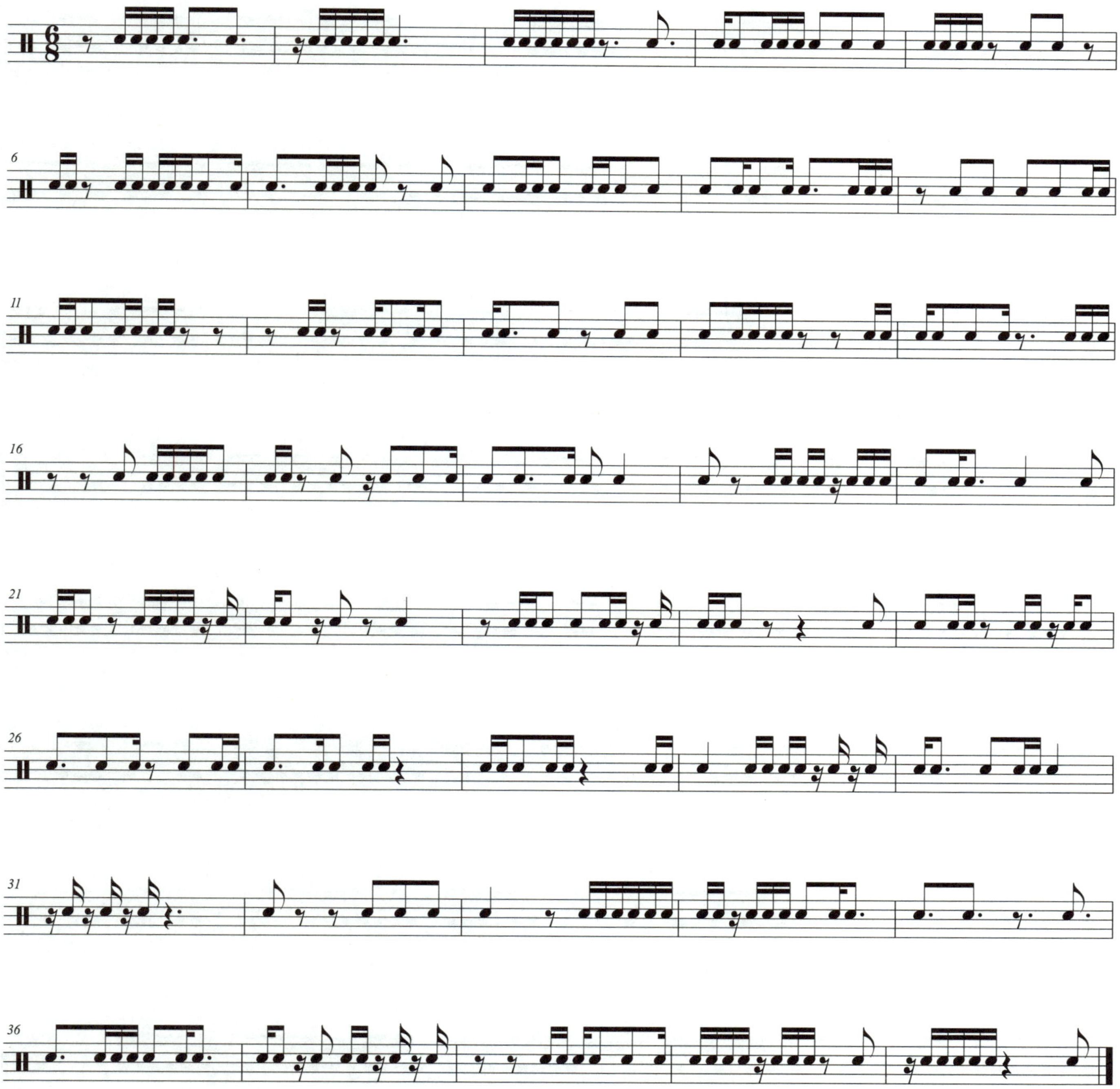

8분의 6박자 응용 연습입니다 템포 60부터 천천히 연습해 보세요.

8분의 6박자 응용 연습입니다 템포 60부터 천천히 연습해 보세요.

Chapter 5

혼합박자($\frac{5}{8}$, $\frac{7}{8}$ 박자 등)

혼합박자는 서로 묶인 박자의 순서에 따라 꼬리가 묶이는 방식이 달라집니다. 8분의 3박자와 8분의 2박자가 합쳐진 박자로서 8분음표의 꼬리가 3개와 2개로 합쳐져 흘러갑니다.

예시 $\frac{3}{8} + \frac{2}{8}$

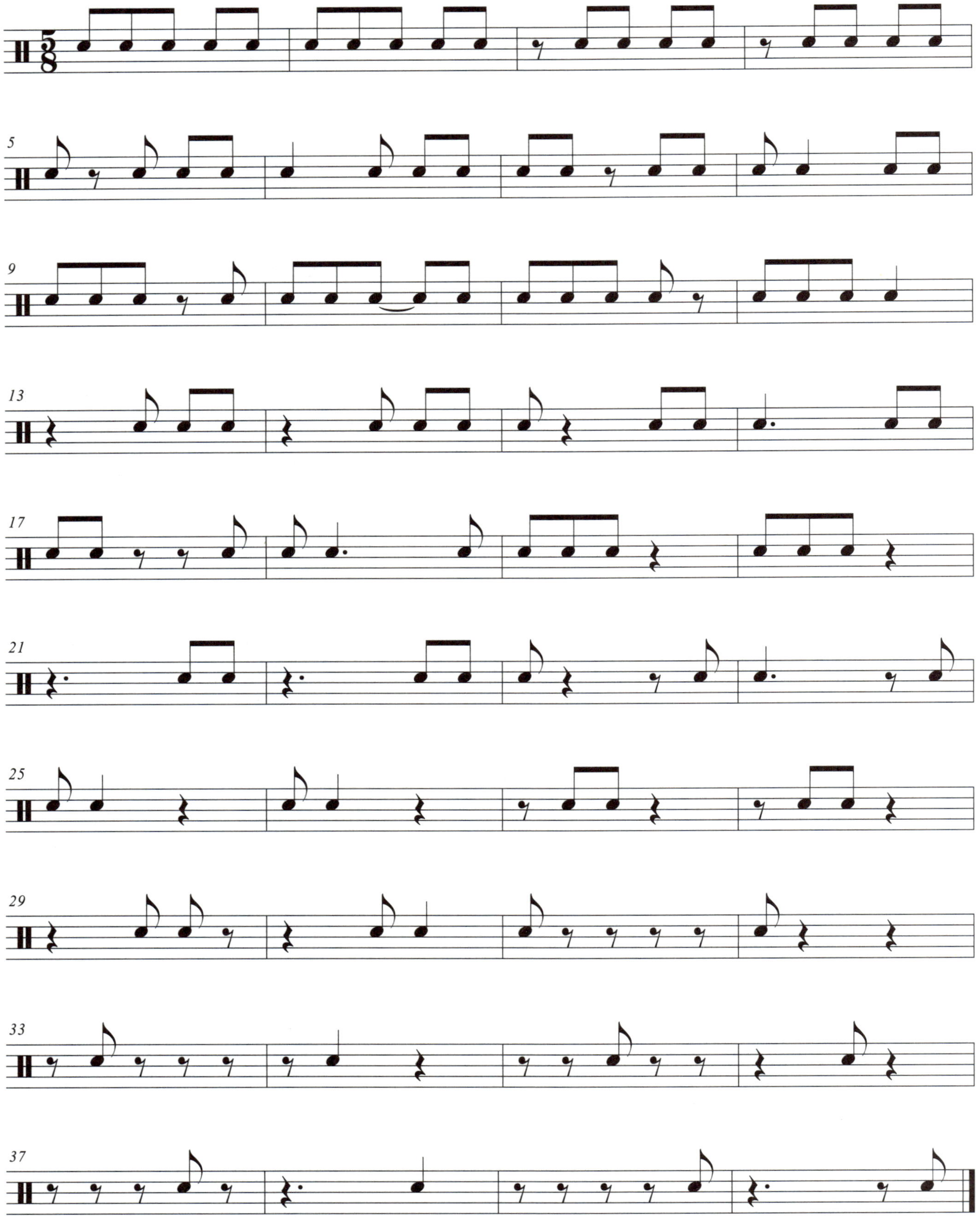

8분의 2박자와 8분의 3박자가 합쳐진 박자로 8분음표의 꼬리가 2개와 3개로 합쳐져 흘러갑니다.

앞의 예시와 박자는 같지만 묶이는 방식이 반대입니다.

Chapter 5

8분의 5박자에서의 16분음표

8분의 5박자에서의 16분음표와 쉼표를 연습해 보세요.

예시 $\frac{3}{8} + \frac{2}{8}$

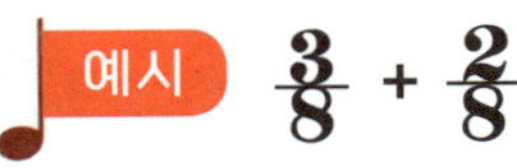

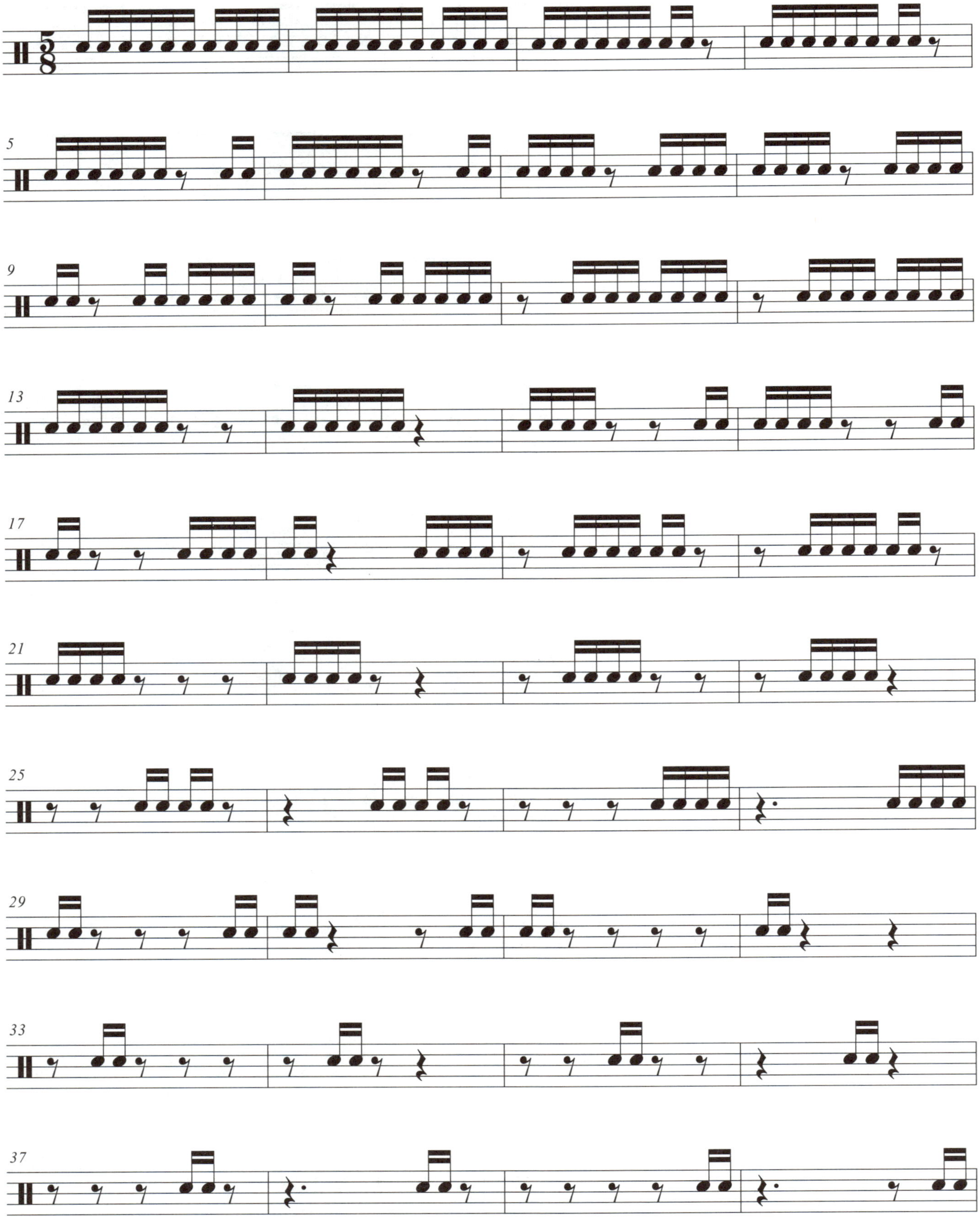

2/8 + 3/8
41
45
49
53
57
61
65
69
73
77

응용 연습 1

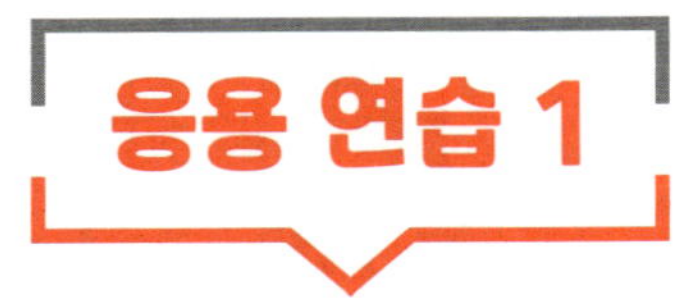

8분의 5박자 응용 연습입니다. 템포 60부터 천천히 연습해 보세요.

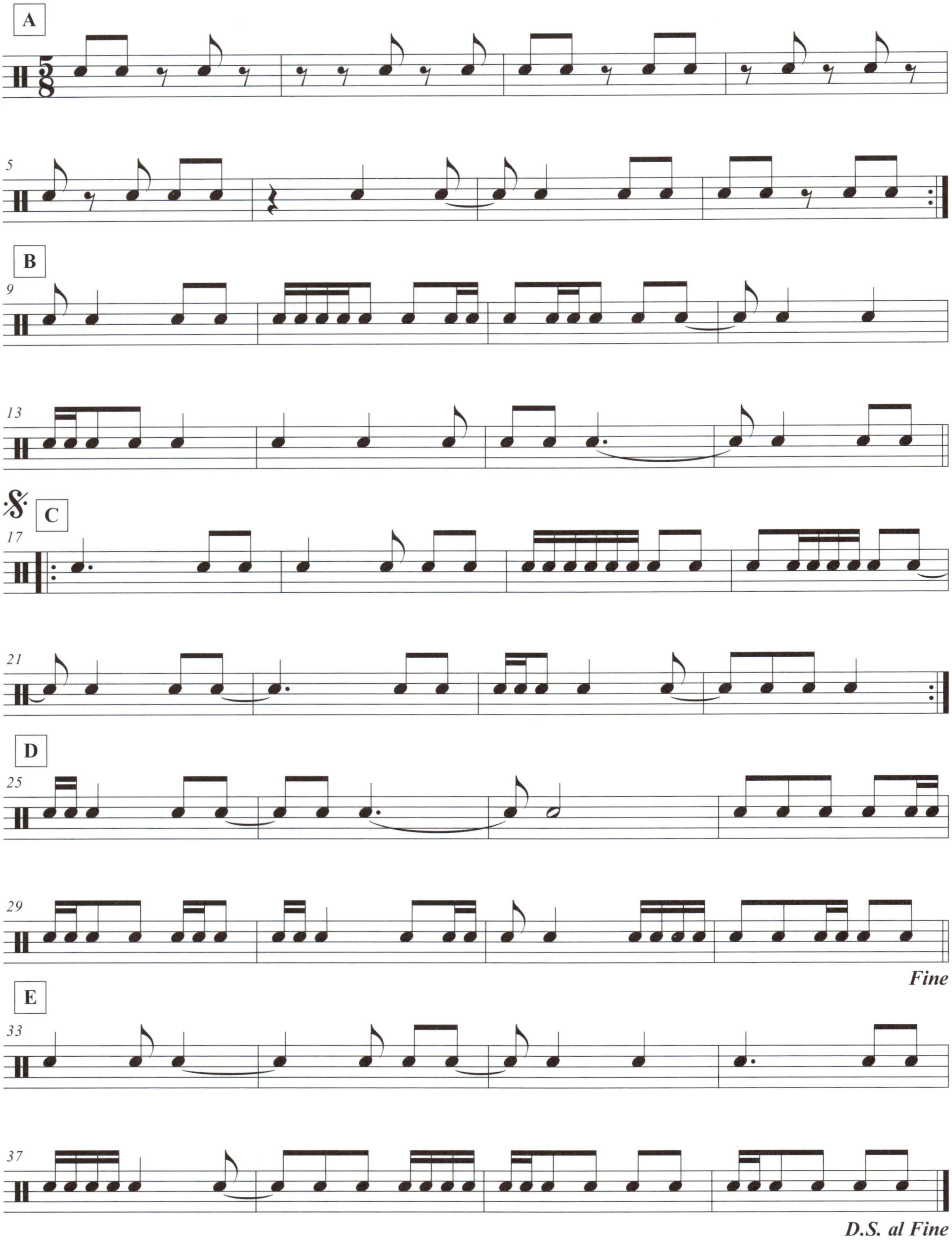

응용 연습 2

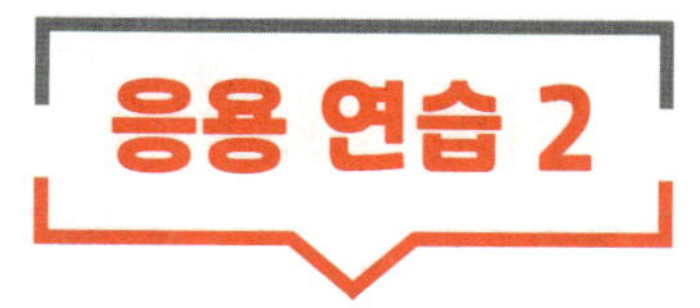

8분의 5박자 응용 연습입니다. 템포 60부터 천천히 연습해 보세요.

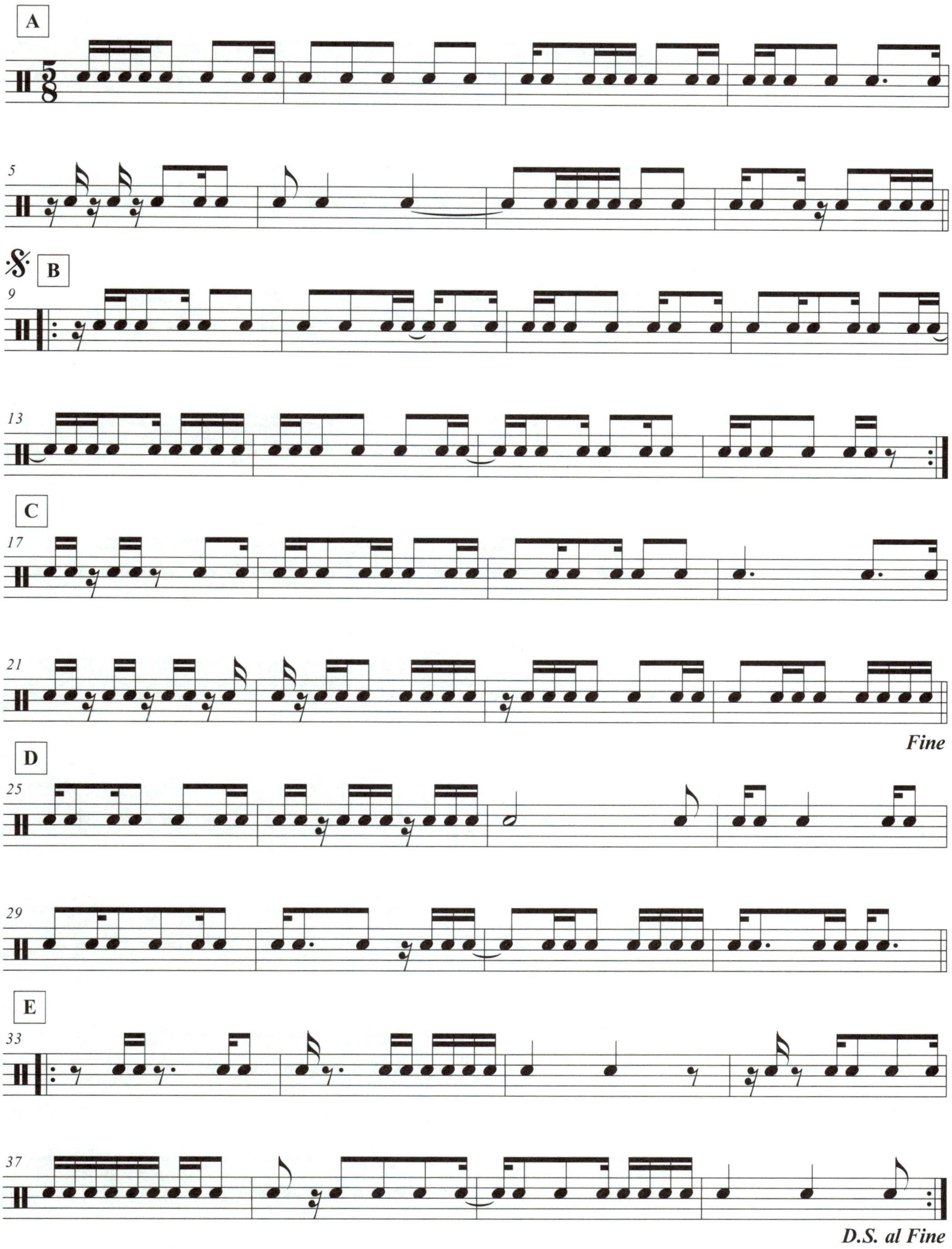

8분의 5박자 응용 연습입니다. 템포 60부터 천천히 연습해 보세요.

D.S. al Coda

8분의 5박자 응용 연습입니다. 템포 60부터 천천히 연습해 보세요.

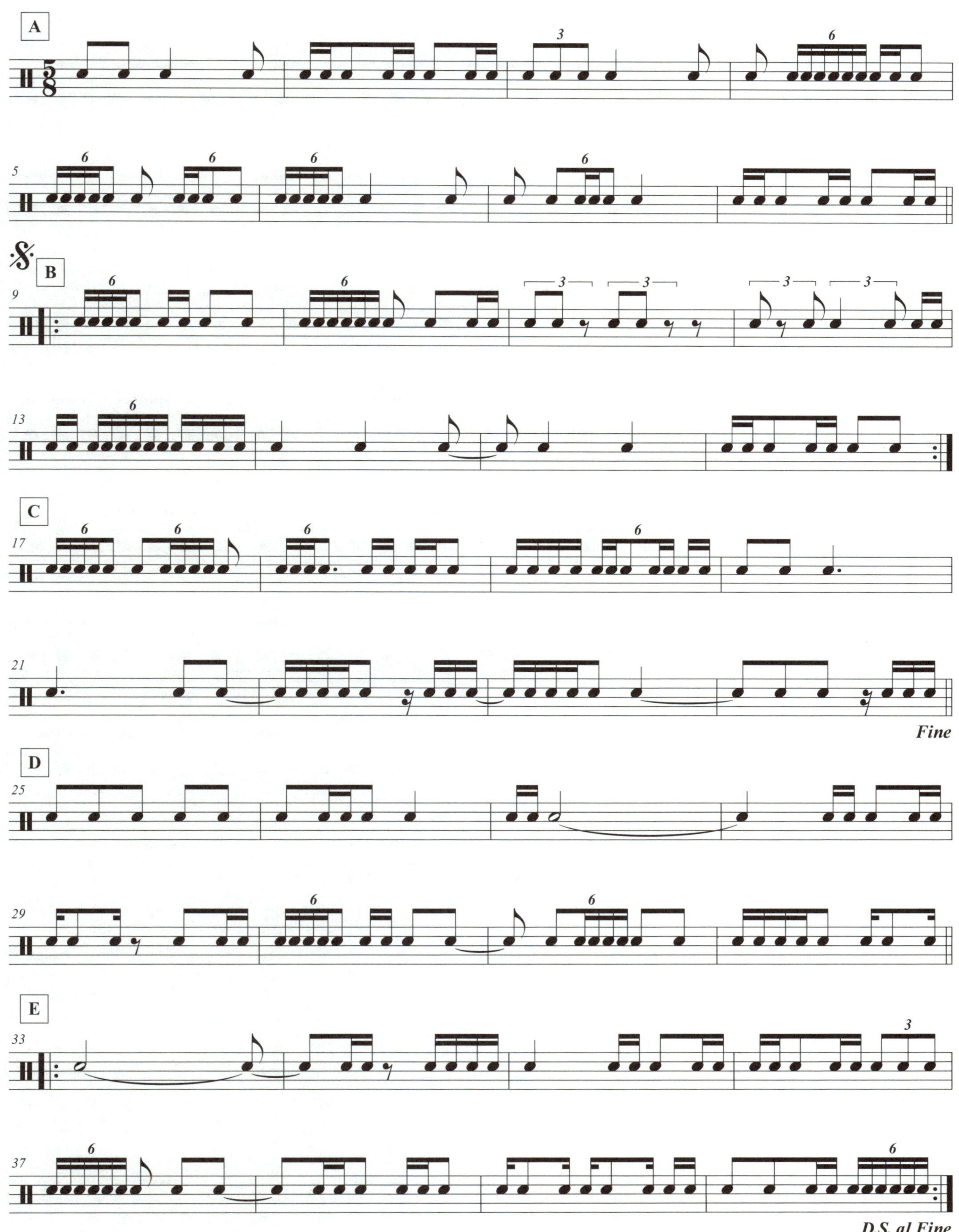

Chapter 5

8분의 7박자(8분음표)

8분의 4박자와 8분의 3박자가 합쳐진 박자로 8분음표의 꼬리가 4개와 3개로 합쳐져 흘러갑니다.

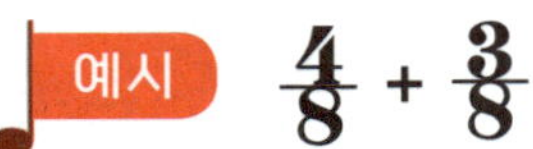

예시 $\frac{4}{8} + \frac{3}{8}$

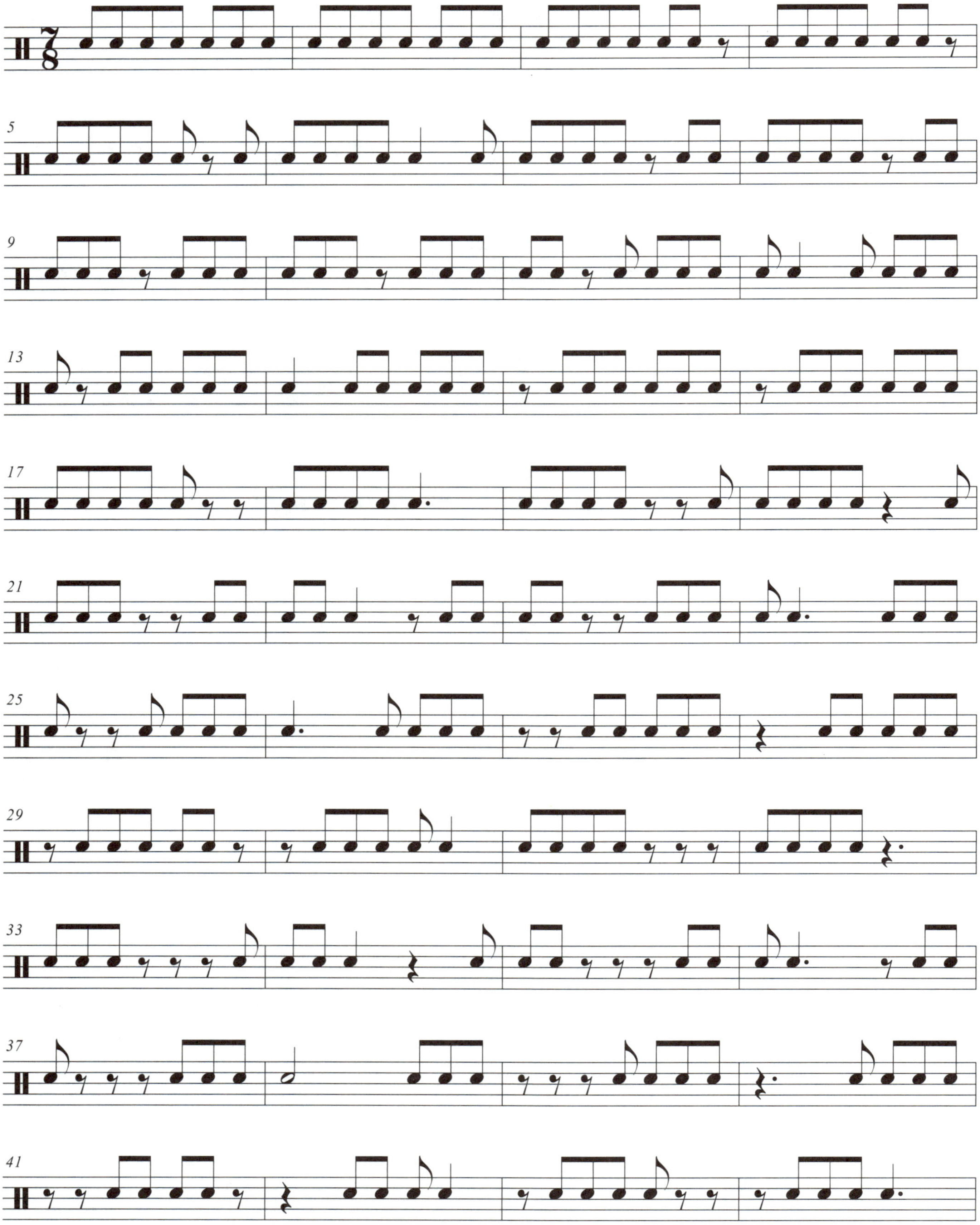

8분의 7박자에서의 16분음표

8분의 7박자에서의 16분음표와 쉼표를 연습해 보세요.

예시

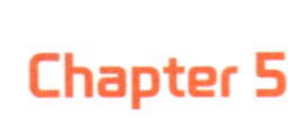

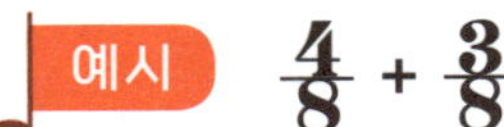

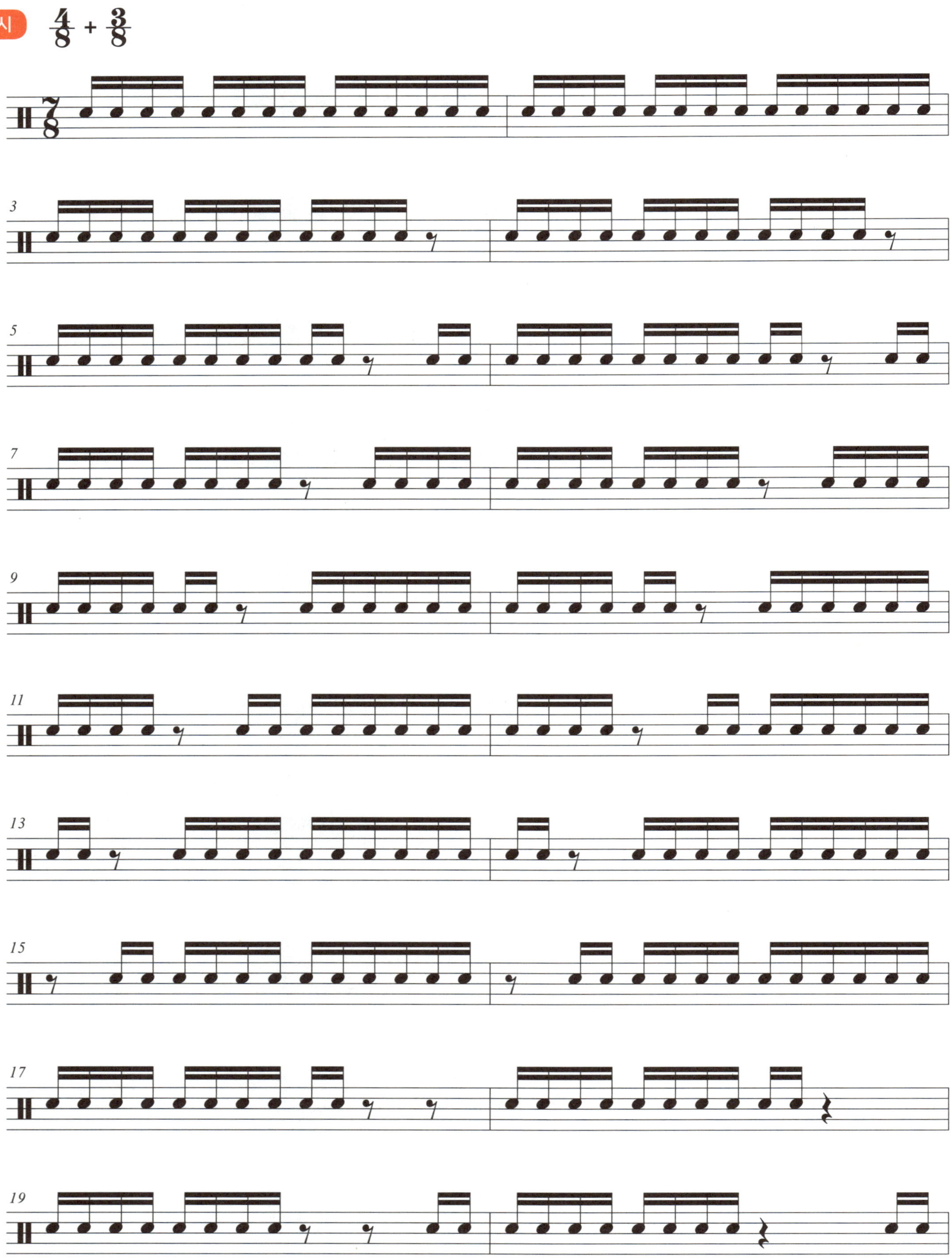

응용 연습 1

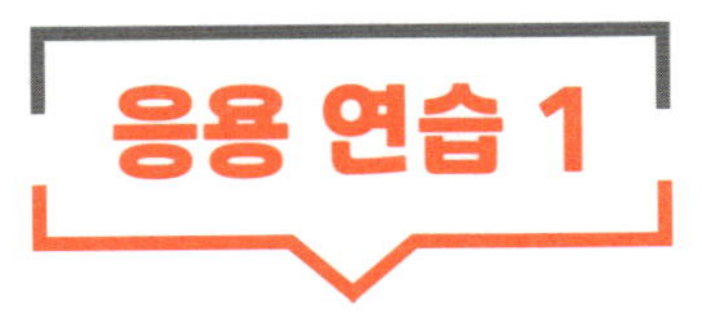

8분의 7박자 응용 연습입니다. 템포 60부터 천천히 연습해 보세요.

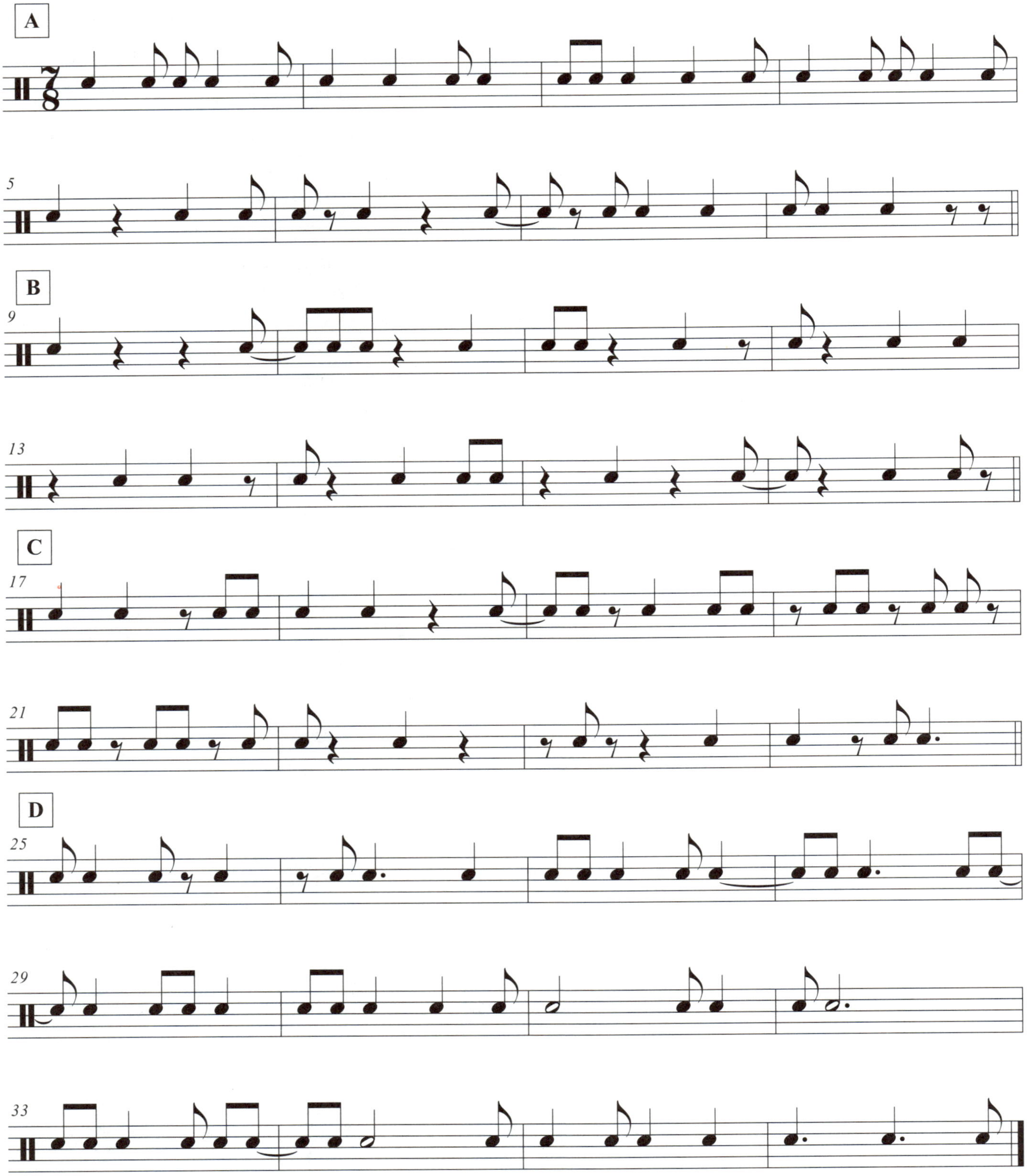

응용 연습 2

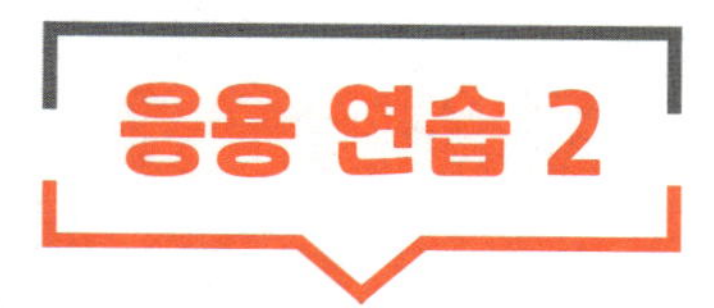

8분의 7박자 응용 연습입니다. 템포 60부터 천천히 연습해 보세요.

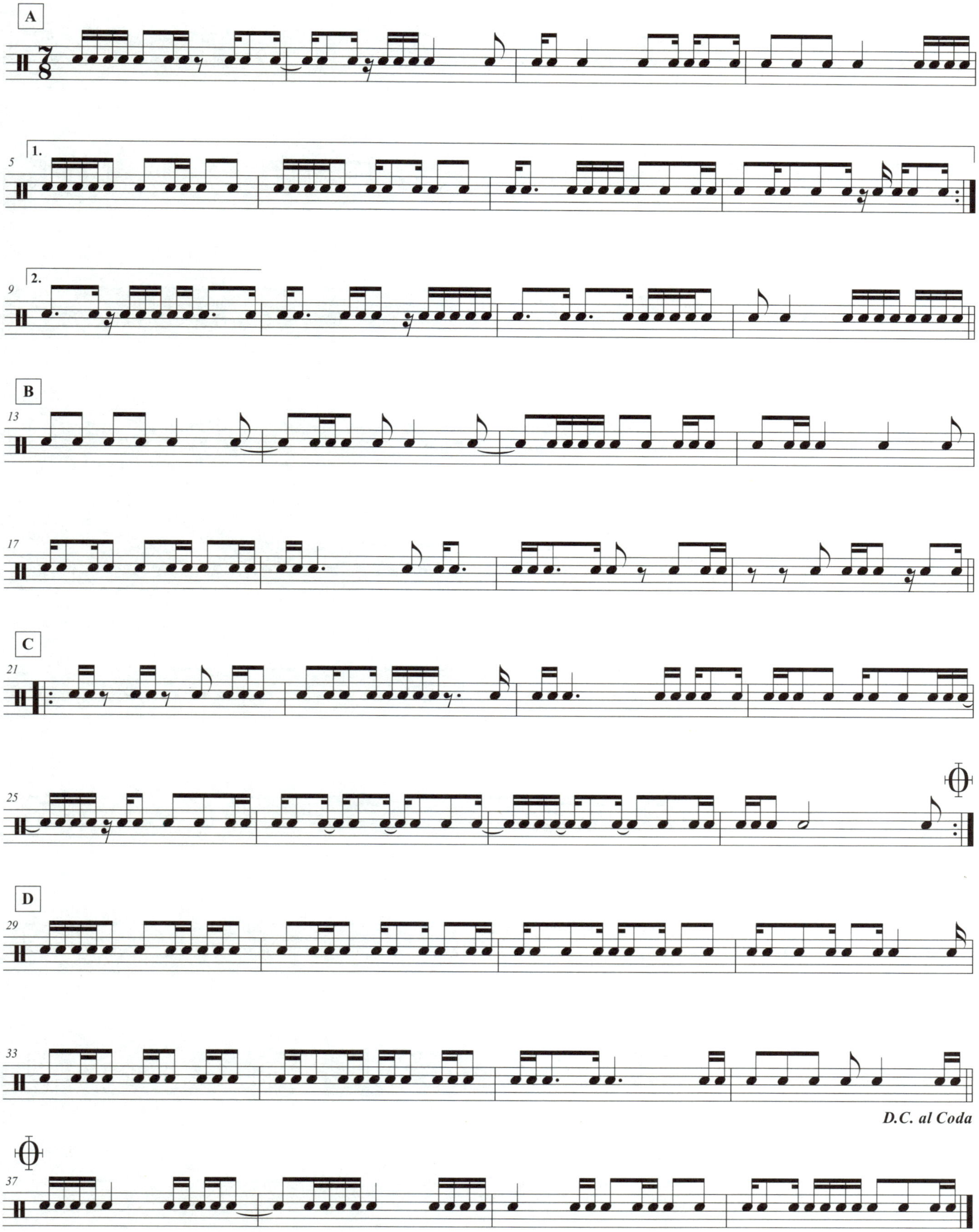

응용 연습 3

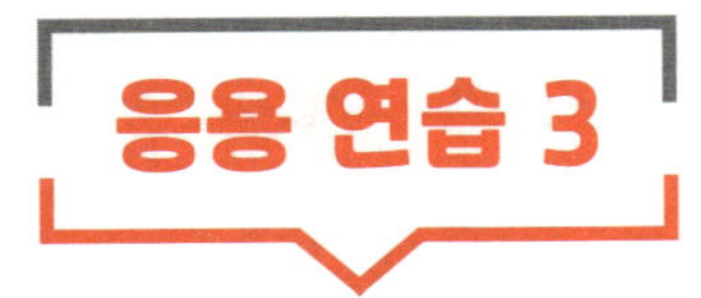

8분의 7박자 응용 연습입니다. 템포 60부터 천천히 연습해 보세요.

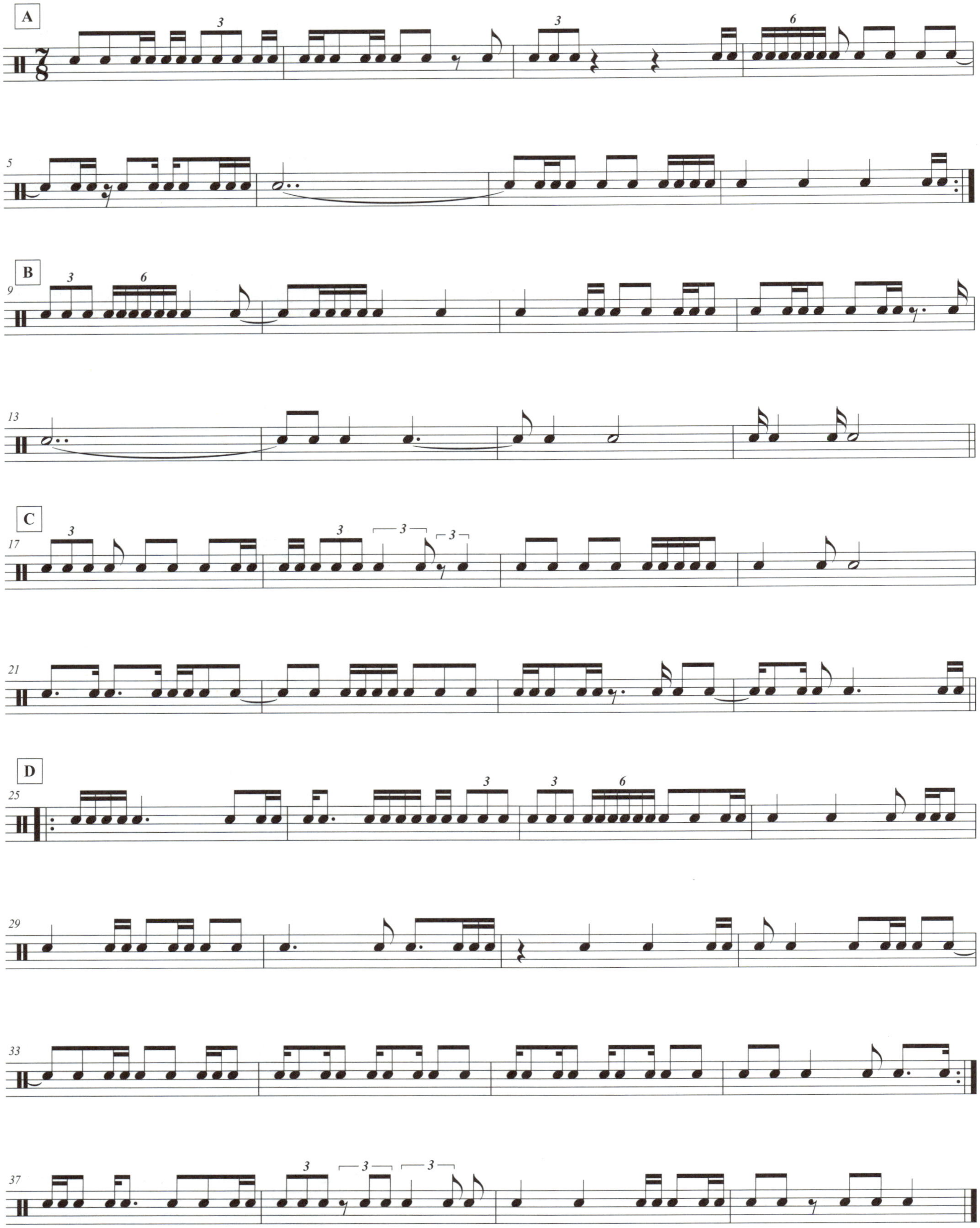

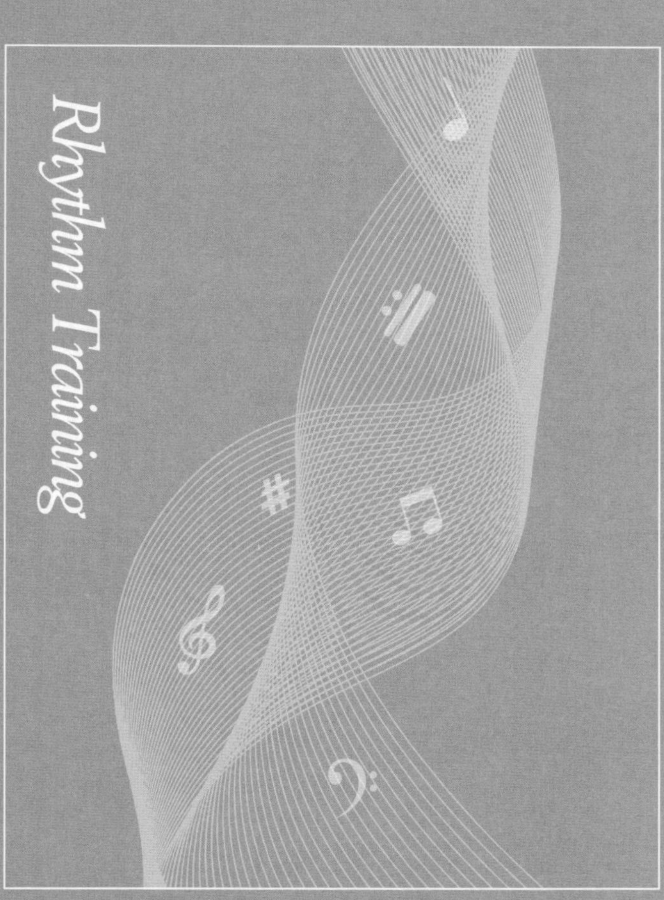

Rhythm Training

모두의
리듬
트레이닝

발행일 2024년 3월 20일

저자 박경호
발행인 최우진
편집 왕세은
디자인 김세린

발행처 그래서음악(somusic)
출판등록 2020년 6월 11일 제 2020-000060호
주소 경기도 성남시 분당구 정자일로 177
전화 031-623-5231 **팩스** 031-990-6970
이메일 somusicu@naver.com

ISBN 979-11-92447-99-5(13670)